# 日本と韓国の地域ファミリー企業の
# マネジメント比較

## アントレプレナーシップと地域企業のイノベーション

下

金 泰旭 編著

HAKUEISHA

近年、日韓関係が大転換期を迎えている。日韓関係改善に向けた韓国政府の積極的な姿勢が感じられる中、政府だけではなく企業や民間の交流や協力が活発になりつつある。戦前から戦後に渡り日本の企業から資産を受け継ぎ、その技術だけではなく経営のノウハウまで学んできた韓国だが、ここ数十年その経済成長や企業の競争力の向上は著しく、一部の分野においては日本を凌駕するところまで発展してきた。最初は模倣から始まるが、いずれ自ら独創的な発想や技術開発までできるようになると個人も会社も初心を忘れてしまう傾向がある。また、「針小棒大」という言葉通り、自信過剰になったり事実を歪曲しながら現実に背を向ける行為はあまり堅実ではない。現実と事実を真摯に受け止め、そこから何をどうするかを考えていった方が個人にとっても企業にとっても発展のきっかけになる。

基礎科学から応用分野に至るまで幅広く社会全般を支えている日本と一部の分野においては世界トップレベルだが、少し分野が変わると全くその状況が異なる韓国を見て、この違いはどこからいつ発生したものなのかだいぶ前から疑問に思ってきた。ノーベル賞受賞者の数がすべてをもの語るわけでも数学や建築分野における全世界的な権威のある受賞者の数がその国の品格をすべて物語るわけでもない。しかし、一つの重要な判断基準にはなりうると考えている。

医学や化学、物理学分野などにおいてほぼ毎年日本の学者が受賞するかその候補者として名を連ねている。そもそも近代化の歴史が日本に遅れていたのだから仕方がない部分はあるにせよ、近代教育が始まりもう80年が過ぎてもその格差は縮まろうとしない。なぜだろうか。様々な説があるが、筆者は家庭教育を含む幼少年時の教育とその後の大学進学や企業や国を含む社会全般のシステムと意識の問題に起因すると考えている。

　日本も韓国も名門大学に進学するために幼稚園の頃から莫大な投資が行われる。英語や国語、数学など先行学習を通じて人より一歩先に有利な高地を先占しようとする努力が絶え間なくみられる。まず、日本と韓国の決定的な違いは高卒と大卒の賃金の格差と社会的な認識の違いである。韓国の場合、大企業と中小企業の賃金や待遇の差はもとより、大卒と高卒の収入や社会的な認識は日本と全く異なる。大学進学率の面でも日本より韓国の方がはるかに高い。その理由は言うまでもなく、就職や社会における大学卒業生に対する認識の差から来ている。

　世の中には様々な人が存在するわけで、勉強が得意な人がいる反面、モノづくりや料理、スポーツや芸術その他の様々な分野においてその能力を発揮する人々が存在する。昔、冗談話で、アメリカでもっとも優秀な学生は大学を卒業せずに起業して億万長者になるが、その次に優秀な人材は大企業に就職をする、そして官僚になる人はその次のグループだとされたが、日本ではその逆だという説があった。つまり、日本や韓国の社会において企業家が評価され始めたのは近年になってからである。しかし、士農工商という

社会的な認識が深く残っていて日本より商業や工業を歴史的に排斥してきた韓国の状況は日本より深刻である。技術や商業を大事にする文化が育たないまま近代化を迎えたため、社会全般的に官僚に対する憧れがあった。

その結果として、文系中心の統治構造が李氏朝鮮時代以来続いていると言っても過言ではない。韓国で太陽時計、水時計などが作られている時代に、日本では西洋の機械式時計が作られていたように科学や西洋の文化に対する国の門戸をいつ開いたのか、またそれを受け入れる人や国の体制はどうなっていたのかが現在までの格差の根幹にある。

基本的には違いを認める文化、画一的なものではなく個性や他人を尊重する気持ちがなければ国は発展しない。企業の創業や後継に関しても全く同じことがいえる。

筆者は長年に渡り、日本と韓国の企業マネジメントの分析を行ってきた。日本と韓国の企業環境の大きな違いは何だろうか。まず、日本に比べて韓国における企業の歴史は浅い。日本植民地時代の従業員や敵産と呼ばれる日本人が残した施設と従業員を引き継ぎ、財閥になったケースも珍しくない。また、その財閥に様々な中小企業が下請けという形で関連している場合が多く、独自の技術を持ち長年続いた中小企業の数は日本に比べて圧倒的に少ない。また、各地域の伝統産業などを担っている地域企業の歴史や伝統も日本に比べて浅く、零細な企業は多い。もともと各地域に地域企業が生存できる十分なマーケットが存在していた日本とは違い、韓国の場合、企業の規模が一定以上大きくなるためには首都圏や大都市圏に進出をしなければならない。大企業に関してもグローバルマーケットを攻略できな

ければ国内市場の規模からして大きな成長は見込めない。

　上記のような構造は、日本と韓国の地域企業や中小企業ならびに大企業のマネジメントの違いを生む直接的な原因となった。上述した社会的・文化的環境とともに企業を取り巻く直接的な経営環境そのものの相違性が伺える。また、企業を相続し、継続的に運営するための国の制度の違いから韓国における企業の承継は難しくなっている。財閥企業の経営者が泣く泣く、その子孫が株式などを相続する際に天文学的な相続税を払わなければならない。結局、現金で一遍に支払うことができない企業らは分割払い、さらに株式の転売による相続税支払いを行っている。その間に企業防御の弱さが露呈して企業の経営権が他人に渡されるケースも少なくない。私はむやみに財閥や企業の経営者側を代弁しているわけではない。ただ、企業のマネジメントを行う上で経営する側もモチベーションが維持できないと事業を継続する魅力を感じられなくなってしまう。

　このように企業を取り巻く制度や国の政策は企業経営に大きな影響を与えてしまう。東アジアを取り巻く経済や安保情勢が激変している中、日本と韓国の政府や企業は切磋琢磨してお互いにいいところを学び合いながら持続的に成長発展していく必要がある。ちなみに本書が発刊される2022年は韓国に新しい政府が誕生し、日本も7月の参議院選挙を終えるとしばらく大きな選挙はない。お互いに安定的に交流できるいいチャンスが訪れるので、この機会を有効に使ってほしいと願っている。

　本書は2021年出版した「日本と韓国の地域ファミリー企業のマネジメント比較」の下巻である。上巻においては日

本の地域企業の創業から成長、第二の創業までの分析を行ったが、下巻においては韓国の代表的な地域企業を選定し、そのアントレプレナーシップと地域企業のイノベーションの関係について分析を行った。具体的には上巻においてはやまだ屋と旭酒造株式会社の、下巻においては株式会社舞鶴とSPCグループの事例分析を行った。

　日本においては地域の和菓子および日本酒の会社の成長発展のストーリーを、韓国においては地方の焼酎会社と製菓、製パン会社の成長ストーリーを描くことによって両国における地域企業の成長発展過程にはどのような共通点や相違点があるのかを解明しようと努力した。

　また、上巻でも述べたように、本書は『地域企業のリノベーション戦略―老舗ファミリー企業におけるビジネスモデルの進化（2015、博英社（韓国））』の内容を大幅に修正して出版したものである。理論的背景は踏襲しているが、分析対象の変更と追加調査などを行った全く別個の研究書である。特に上巻と下巻に分けてその分析対象を韓国の企業にまで広げ全く異なる視点からの研究を試みているところに注目してほしい。本研究は数多くの方々のご支援によりこのような形でまとめることができた。ここに記して感謝申し上げたい。金井一賴先生（青森大学学長）は筆者の恩師で北海道大学大学院生時代から筆者をいつも温かく指導してくださっている。先生の中小企業論や地域企業論に関する幅広い知識と従来の先行研究の限界を乗り越える可能性を多く内包している卓越した知見にいつも感服している。いつも建設的なアドバイスをしてくださる先生に心から感謝申し上げたい。北海道大学経済学研究科の岩田智先

生には大学院時代の指導はもとより今でも共同研究などで大変お世話になっている。また、小樽商科大学の内田純一先生には、先行研究のレビューやフレームワークの構築にあたり、行き詰る筆者に多くの建設的アドバイスを与えていただいた。同じく小樽商科大学の西村友幸先生には時折メールや電話にて研究の悩みや経営戦略論に関する相談および議論を通じて数多くのことを学ばせていただいた。ここに記して先生方に感謝申し上げたい。関西大学の横山恵子先生には学部ゼミ生のプロジェクトなどで大変お世話になりながら地域企業の社会的価値創造とは何かについて考えさせられるチャンスをいただいた。感謝申し上げたい。京都大学経営管理大学院の山田仁一郎先生、東北大学の石田修一先生、龍谷大学の秋庭太先生、中央大学の新藤晴臣先生には大学院時代から公私に渡って大変お世話になっているが、いつも感謝している。なお、本研究の着想段階から最後のまとめの段階まで首尾一貫して支え、筆者とともに本書の刊行に尽力してくれた近畿大学商学研究科博士後期課程出身、株式会社成光物流の韓尚眞氏に感謝申し上げたい。学部生の頃から博士後期課程に至るまで長年私をサポートしてくれた。今回も先行研究の理論と分析フレームワークを理解した上で、企業の経営現場に同行し経営者に何度もインタビューをし、書籍としてまとめていく作業は並大抵の仕事ではなかった。根気強く最後まで筆者を補佐してくれた韓氏に感謝申し上げたい。また、本書の出版にあたり、お忙しい中、時間をかけて本のイラストを描いてくださったヌルボム病院のムンジュン院長と快く出版を引き受けてくださった博英社の安サンジュン社長と中嶋啓太

日本法人長に深く感謝申し上げたい。そして、本研究の成功を祈り終始筆者の研究生活を献身的にサポートしながら見守ってくれた家族に感謝を申し上げ、筆者の挨拶とさせていただきたい。

# 目次

# 第1章

# 日本と韓国の
# 企業継承について

## 第1章 日本と韓国の企業継承について

　本題に入る前に、韓国の企業継承において有名なケースを紹介する。韓国には爪切りで世界シェア1位の「スリーセブン（777）社」という企業がある。1975年創立のスリーセブン社は1993年に韓国政府が選定した世界一流企業で、2002年にも産業資源部から世界一流製品認証を受けている。2000年代には「777 THREE SEVEN」ブランド製品が米国、中国、ヨーロッパなど92か国へ輸出され、世界市場の40％を占めるに至った。売上の90％以上は海外で発生しており、2003年の売上は300億ウォン（約29億円）にまで成長を遂げた。

　その後、2008年に創業者が急逝したため、創業者一族は経営権を継承しようとしたが、相続税がその足かせとなった。300億ウォンの売上がある会社を継承するには相続税として約150億ウォン（約14億円）を支払わなければならなかった。結局、スリーセブンは相続税を支払うため、持ち株を他の会社に売却し、赤字企業へと転落した。現在は売却した株をすべて買い戻したが、売上は全盛期に達していない。

　このケース以外にも密閉容器で世界的に有名な企業であったロック・アンド・ロックの創業者も相続税の問題により、2017年に香港系のプライベート・エクイティ・ファンドへ売却するなど、韓国内には過度な相続税のせいで、競争力を持つ中小企業や地方企業が承継過程中に断念するケースが多い。

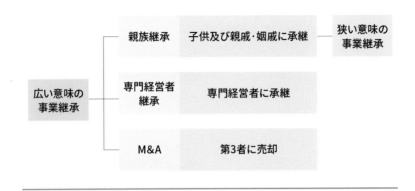

出典：韓国家業承継支援センター（2018年9月）を参考し、修正

　以上のことから、事業を継承する際には様々な問題が生ずること、それを克服するためには相当な努力が必要であること、事業継承に関する制度に問題があること、行政の支援・対策の不在などが事業継承の足かせになっていることが分かる。企業の競争力を維持し、持続的な成長と生存を追求するためにも、事業継承の問題は解決しなければならない問題なのである。

　この節では、日本と韓国の事業継承に関する問題と制度について簡単に説明する。事業承継／家業承継とは、企業の所有権及び経営権を持続可能な状態で次期経営者に譲ることを意味する。韓国では、「相続税及び贈与税法」上、家業相続控除と呼ばれ、「家業継承」と呼ばれており、日本では主に「事業継承」と呼ばれている。本研究では用語統一のため「事業継承」で説明する。日韓ともに家族企業形態の中小企業や地域企業が多いことから、経営権や所有権の移譲だけでなく、創業者の起業家精神、経営ノウハウなどの無形資産までを後

継者が引き継ぐことを意味するものとする。

図表1-2　事業継承の問題で悩んでいる経営

出典：Illustration by Joon Moon M.D.

　事業継承は後継者の種類によって親族継承、専門経営者継承、M＆Aで区分される。親族継承は狭い意味での事業継承を、専門経営者継承は専門経営者に経営権を移譲するが、所有権は創業者の家族や株主が維持する専門経営者体制への転換を意味する。

　日本と韓国では、親族継承・専門経営者継承という事業継承の形態が、急速に進む少子高齢化の影響で社会問題となっている。経済産業省の資料（2017年10月）によると、日本の中小企業の経営者の年齢分布で一番比重が高い年齢は2005年の58歳から2017年の68歳へと高齢化が進んでおり、2025年には70歳を超える経営者が全体の約60％の

245万人に達すると見込まれている。

　一方、事業継承は上手く進んでいない。少子化による子供の減少、若者の伝統産業への忌避、後継者の力不足などの理由で、2025年70歳を超える中小企業経営者の245万人のうち、約半数にあたる127万人が現在も後継者未定の状態である。

　中小企業庁のアンケート調査結果（2017年4月）によると事業継承が難しい理由としては、適切な後継者選定の難しさ（21.7%）、事業継承の準備期間の不足（14.8%）、職員の反対（9.8%）、相続贈与税などの課税の負担（9.7%）などが挙げられている。

　このような理由により、最近は後継者を準備することができず、黒字の状態でも廃業する企業が多数見られるようになった。

　この問題の解決策として、日本国内ではM＆Aが注目されている。中小企業庁の調査（2018）によると、M＆Aの理由のうち実に48%を占めたのが事業継承であった。

　日本ではこのような需要のもとに、日本M＆Aセンター（1991年）、Strike（1997年）、M＆Aキャピタルパートナーズ（2005年）などの中小企業のM＆Aを専門とする仲介会社が設立された。この3社のM＆A契約件数は2012年/232件から2017年/682件まで増加し、日本政府もM＆Aを事業継承の手段として認め、2018年から税制優遇（事業譲渡の場合、登録免許税、不動産取得税の引き下げ）などの支援を行っている。

　また、円滑な事業継承を支援するため、中小企業基盤整備機構（SMRJ[1]）を通じて地域の金融機関などと共同で事業

継続ファンドを助成（2005 年 1 月）した。そして、2008 年には「中小企業における経営の承継の円滑化に関する法律」を制定した。同法の主な内容は①民法上の特例、②相続税の猶予、③金融支援の 3 項目で構成されている。特に遺留分[2]に関する民法上の特例条項の新設を通じて後継者の経営権及び財産権を保護することで、生前に贈与した株式を遺留分算定の基礎財産から除外させることで相続による株式の分散を未然に防止し、資産を後継者に集中させ、後継者の経営意欲の低下を防止した。続いて、2009 年に「産業活力の再生及び産業活動の革新に関する特別措置法」（1999 年）を改訂し、中小企業の承継事業支援計画を新設することで、事業継承を行う企業に対して、金融支援、税負担の緩和措置を施した。

　2011 年には事業承継・引継ぎ支援センターを全国の自治体に設立し、現在は 48 か所、2018 年までの累積相談件数は 36,741 件、累積成功件数 2,401 件を達成した。2018 年に入ってからは今後 10 年を事業継承の実施集中期間とし、法改正を通じた税制支援などの政策的な支援を強化している。例えば、相続税の納付猶予の比率を既存の 80% から 100% へと拡大し、納付猶予対象になる株式数の上限を撤廃するなど、相続税納付猶予制度の適用要件を緩和した。他にも金融機関との協業を通じて、金融機関には事業継承の問題を新たなビジネスチャンスとして認識させ、投資やコンサルティングなどの関連事業の拡大を通じて中小企業との取引基盤の強化を進めている。

　韓国の場合、中小企業の経営者の年齢分布の中で比重が高い年齢は 1993 年の 40 代（40.3%）から 2017 年 50 代

（47.0%）へと高齢化は進みつつあるものの、日本に比べると約10歳程度低いと推定される。また、多くの中小企業が家族企業の形態である韓国では、事業継承の問題は重要な経営課題となっている。2018年の中小企業家業承継実態調査によると、事業継承の方法として、子供に承継すると答えた人が57.2%で、続いてまだ決まっていないと答えた人が40.4%となっている。

しかし、事業継承が難しい理由については、日本とは異なるアンケート結果が出ている。日本では後継者の選定が1位であったのに対し、韓国では「相続税などの税金の負担」を理由に挙げた人の割合が69.8%を占めている。また、事業継承のためのM＆Aに関する認識も足りず、特に中小企業の創業者は自分が創業した会社を売却することに抵抗感があり、資産と人材を一気に譲渡・譲受した経験もないため、M＆Aに消極的である。また、韓国社会では、一部企業のモラルハザードと違法相続、富の世代間移転による社会的経済格差などの問題により、事業継承について否定的な認識を持たれている。

制度的には1987年に「家業相続控除」制度が制定（1997年に改訂）され、業界歴10年以上、直前3ヵ年事業年度の平均売上額3千億ウォン（約298億円）未満の企業を承継する際、家業相続財産を業界歴に応じて最大500億ウォン（約49億円）まで控除した。その後、韓国経済が成長を遂げ2010年頃から経済規模に見合わなくなったことから、2014年に国会で改正案が議論されたが、上述した事業継承への否定的な認識が原因となり、改定案は否決された。

## 図表1-3　日本と韓国の企業相続控除制度の比較

| 項目 | 日本 | 韓国 |
|---|---|---|
| 企業要件 | ・非上場中小企業 | ・10年以上の事業活動<br>・中小企業、または売上3000億ウォン未満の中堅企業 |
| 被相続人の要件 | ・相続する会社の代表<br>・特殊関係者と合わせて議決権がある株の50%以上を保有<br>・被相続人が（相続人を除いて）筆頭株主 | ・筆頭株主として持ち株の50%（上場法人は30%）以上を10年以上継続保有<br>・次の項目から一つは該当する期間を代表取締役として在職<br>　-企業の営為期間の50%以上<br>　-10年以上の期間（相続開始前、相続人が代表取締役職を継承した場合）<br>　-相続開始前、10年の中で5年以上の期間 |
| 相続人の要件 | ・被相続人の親族として、相続開始日から5年以内に会社代表として就任<br>・特殊関係者と合わせて議決権がある株の50%以上を保有 | ・18歳以上<br>・相続開始日前2年以上直接企業へ従事<br>・相続税課税標準申込期間まで役人就任、就任日から2年以内に代表取締役就任<br>・中堅企業の家業相続人が家業相続財産以外に相続された純資産金額が、家業相続人が負担する相続税の2倍を超過する場合、企業相続控除の適用排除 |
| 対象資産 | ・非上場株式 | ・非上場株式及び上場株式 |
| 控除金額上限 | ・無し | ・家業営為期間によって差等<br>　-10年以上20年未満：200億ウォン<br>　-20年以上30年未満：300億ウォン<br>　-30年以上：500億ウォン |
| 死後要件 | ・相続人が会社の代表を続けて歴任<br>・常用の従業員の雇用を5年間平均80%以上維持<br>・相続された株式を継続保有 | ・家業相続以降10年間次の要件を充足<br>　-家業用資産20%以上は処分禁止（5年以内は10%）<br>　-相続人が代表取締役として従事<br>　-主な業種を維持（一定要件を充足し、少分類内の業種変更は可能）<br>　-1年以上休業・廃業禁止<br>　-相続人及び特殊関係者の持株の処分及び増資の際、実権による持分率の減少禁止<br>　-各事業年度の正社員数の平均が相続開始直前の2カ年度平均の80%以上を維持<br>　-相続開始年度末から10年間正社員数の平均が相続開始直前2カ年度平均の100%を維持（中堅企業の場合、120%維持） |

出典：韓国国税庁（2018年4月）、金（2018年3月）、KDB未来戦略研究所（2019.6）の資料から修正

また、1997 年に家業相続財産に対する相続税の「延付延納」制度を導入した。延付延納制度とは、巨額の税金を一遍に納付することが難しい場合、税金を何回かに分割して納付する制度で、一般相続財産の延付延納期間（5 年）より長い 10 〜 20 年をかけて納付できるようになった。

　続けて、相続・贈与財産を評価する際、筆頭株主が保有する株式は相続対象企業の資産価値と収益価値以外にも経営権のプレミアムがあることが一般的であるため、一般株主の株式評価額に一定率を割り増しして評価するが、中小企業の円滑な家業承継を支援するため、中小企業の株式に限って筆頭株主でも株式価格を評価する際に割増評価しない制度を 2005 年から運営している。

　2008 年には、中小企業の経営者が生前に子供に事業を継承し、その競争力を維持できるようにすることを目的として「家業承継に対する贈与税課税特例」制度が導入された。これによって、一般的な累進税率（10 〜 50％）ではなく、10％もしくは 20％という低い税率で事業を贈与できるようになった。

　しかし、2017 年に誕生した文在寅政府では、それまでの政府の立場から一転して企業関連の政策が厳格化された。

　図表 1-3 に書いているように、相続人の家業相続財産「以外」の相続財産が、家業相続財産に賦課する相続税額より 2 倍以上大きい場合、家業相続控除の適用外とされた。また、500 億ウォンの控除を受けられる資産の期間に関する条件も、従来の「20 年以上の保有」から「30 年以上の保有」に変更され、控除対象となる資産の範囲が縮小された。

　事業継承の問題について、日本では後継者不足が論議に

なっている反面、韓国では高い相続税の負担などが議論されている。しかし、韓国でも戦後ベビーブーマー世代の引退が本格化すると、日本のように後継者問題が議論の中心になる可能性がある。

したがって、韓国でも日本の前例を研究して、税制支援だけではなく、事業継承に関する情報の提供及びコンサルティング、社会的な認識の変化、金融支援などの総合的な支援を韓国の社会に合わせて実施することが今後必要となっていくだろう。

また、中小企業の経営者や創業者も単純に財産を贈与するのではなく、起業家精神とビジョン、事業目標などの無形資産も繋いでいく必要があるのだと認識をアップグレードする必要もあるだろう。

本書はこのような事業継承の問題だけではなく、中小企業や地域企業・家族企業などが抱えている様々な問題を日韓で比較することによって、両国の企業が長期に渡って存続・繁栄する一助となれたら幸いである。

**Endnotes**

1 Small & Medium enterprises and Regional innovation, Japan
の略字。
2 相続人の中で一定範囲の人たちに一定の相続財産の取り分を
保障するという制度。

# 第 2 章

# 事例分析

## 1　韓国の焼酎の歴史

図表2-1-1　焼酎の歴史(グッドディミュージアム)

出典：筆者撮影

　韓国で焼酎が生まれたのは、高麗時代末期にモンゴルから蒸留技術が入った頃だと言われている。それ以前は発酵酒が主な酒であったが、高麗時代には宋と元の醸造法が導入された。特に、チンギス・ハンの孫であるフビライ・ハンが日本遠征を目的として朝鮮半島に進出した後、モンゴル人の大本営のあった開城（ケソン）や、前線基地があった安東（アンドン）、済州島（チェジュド）などで焼酎が

多く造られるようになった。元が高麗とともに日本に進出した際に安東を兵站基地にしたため、安東焼酎が知られるようになり、朝鮮時代に入ると焼酎造りがより盛んになった。高麗の後期から朝鮮の初期までは殆ど薬用で使われていたが、朝鮮の9代王の成宗の時代に入ってからは大衆にも広がり始めた。

1900年代には、朝鮮に進出した日本の酒蔵が韓国人と合作で仁川に朝日醸造場を設立し、朝日焼酎を販売した。本格的に焼酎が大衆化されたのは、1920年代に入ってからである。現在も存在する眞露（ジンロ）や舞鶴（ムハク）などはこの時期に登場したものである。

安東では安東酒造会社が生まれ、韓国で初めて大量生産の焼酎を作るようになった。1919年には平壌（ピョンヤン）に連続式蒸留器が初めて設置され、1925年までに6か所の工場が稼働し生産量も増大した。アルコール生産を機械でできるようになると酒税管理が容易な新式焼酎工場が次々と設置され、これが現在の希釈式焼酎へと変化した。また、採算を合わせるため、既存の米麹の代わりに日本から来た黒麹を使い始めた。

当時の焼酎の主な消費先は朝鮮半島の北側だった。その理由は、朝鮮半島の北の地域は米の栽培量が南に比べて少なかったからである。植民地時代に朝鮮半島の北側では重工業が、南側では軽工業が発達した。そのため、資本集約的な性格をもつ焼酎工場は北の地域で発達したのである。

次に制度の側面から見ていこう。韓国最初の酒税法は1909年2月に制定され、1934年までに5回の改訂を行った。当時の酒税法の主な内容は、酒類を製造したい人に免許を取

得させる（酒類製造免許制という）というもので、酒類製造場の製造量によって酒税を賦課していた。民家の自家用酒類もその課税対象に含まれていた。また、酒類を酒精の含有率と製造方法によって醸造酒（マッコリ、清酒、果実酒など）、蒸留酒（焼酎など）、混成酒（醸造酒、蒸留酒に別の原料を混成製造した酒類など）に分類した。その後、1910年に日韓併合した日本は朝鮮総督府を中心に酒税の増加による税収拡大を狙い、1909年に制定された酒税法の税率を若干上げて補完した酒税令を1916年に公表した。その後、5回に渡って改訂し、酒税率を引き上げた。酒税令が公表された1916年から1933年まで酒税の徴収額は13倍にまで増加した。

　日本から独立してからは、日本人が運営した酒造会社は醸造経験や企業の経営経験がある韓国人に敵国資産として払い下げた。また、38度線を中心に、北の地域には共産主義を中心とした政府が設置され、国家の統制が厳しくなった影響により、多くの焼酎製造の関係者が越南してきた。

| 図表2-1-2 | 1道1社政策のイメージ |
| --- | --- |

出典：Illustration by Joon Moon M. D.

しかし、朝鮮戦争の勃発は経済を混乱させ、すべての産業を崩壊させた。現実を忘れようとした避難民や軍需要の増加により、焼酎の消費量は1950年の5,580kLから1年間で5.3倍以上増加した。また、GHQと韓国政府は、戦争による食糧難を打開するため、酒の製造に穀物の使用を禁止した。その結果、雑穀などを主原料とする酒精の価値が上がり、1948年の酒精の生産量は前年に比べて約400％増加し、1948年の第1下半期だけで1947年の生産量を上回った。

　このような政府の施策と独立後の経済的な混乱などにより、従来の米麹を使った蒸留式焼酎は徐々に減少し、1964年12月には「糧穀管理法」の制定によって完全に消滅し、希釈式焼酎だけが残った。朝鮮戦争前までは約3000か所あった焼酎工場は1964年には55か所にまで急激に減少した。

| 図表2-1-3 | 韓国の焼酎関連法律と規制の変遷(グッドディミュージアム) |

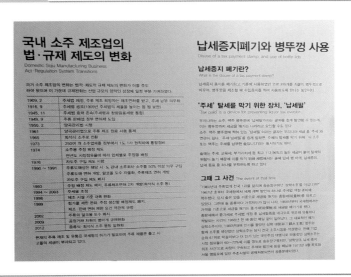

出典：筆者撮影

この時期に一番大きな焼酎会社は木浦（モクポ）にある
「三鶴（サンハク）」という会社であった。三鶴は 1957 年
にソウルに上京して希釈式焼酎を製造した会社で、他の会
社より先に希釈式焼酎を造ったのが成功の要因であった。
しかし、1971 年に納税必証を偽造及び脱税したのを理由
に 1973 年に破産した。一方、1960 年代末から様々な広告
活動を行い、後発企業として当時の三鶴に挑戦した企業が
あった。現在の韓国焼酎市場でシェア 1 位を記録している
眞露である。1924 年 10 月に平安南道に創業した眞泉醸造
商會がその母体である。1954 年にソウルに工場を建設し生
産を始めた眞露は、様々なマーケティング活動を行ってい
る。例えば、眞露のトレードマークである「ヒキガエル」
が書いてある瓶のふたを集めると、ミシンなどをプレゼン
トするイベントを実施したりした。様々な広告活動を行う
ことで、当時 1 位の三鶴に立ち向かっていったのである。
その後、三鶴が破産したため、1970 年代から眞露が韓国
焼酎市場で 1 位となり現在までその座を維持し続けてい
る。
　韓国政府は 1973 年に焼酎市場の過当競争と品質低下を防
ぐことを目的として、一つの道に 1 つの焼酎会社を置く「1
道 1 社政策」を実施した。また、1974 年には地方の零細焼
酎会社を保護することを目的として、焼酎製造規制方案で
ある「酒精割当制度」を導入した。酒精割当制度とは、各
焼酎会社の前年度の市場占有率を基準として酒精の量を割
り当てる制度である。この制度は焼酎会社の統合・併合の
動きを加速させ、各道で一番大きな会社だけが生き残り、
他の会社は閉めるか大きな会社へと吸収されることになっ

た。1976年には地方産業の保護を目的として、政府は酒類問屋に地域内の焼酎を購入量全体の50%以上を買わなければならないとする「自道焼酎購入制度」を導入した。上述した「糧穀管理法」と「酒精割当制度」、「自道焼酎購入制度」が導入されたことで大邱（テグ）には金福酒（グムボクジュ）、全羅道（ジョンラド）には宝海（ボヘ）、馬山には舞鶴（ムハク）、釜山には大鮮（デソン）など各地域を代表する焼酎会社が作られた。1973年には68か所あった焼酎会社は、1975年には16か所、1976年に12か所、そして1980年には現在も存続する10か所のみに絞られることとなった。

　1980年代まで平穏だった焼酎業界が急速に変化したのは、1993年にビール事業を展開した斗山（ドゥサン）グループが日本でも有名な江原道（ガンウォンド）の鏡月焼酎を引き受けてからである。以後、大手企業系列のビール会社が本格的に焼酎市場に参入した。続いてハイトビールが1997年にボベと白鶴（ベカク）を引き受け、2011年には眞露を引き受けた。他にも2005年には舞鶴が釜山の大鮮酒造へのM＆Aをしようとしたが最終的には不発に終わった。

**図表2-1-4　焼酎出荷量の推移**

（単位：千kℓ）

| 区分 | 2012 | 2013 | 2014 | 2015 | 2016 | 2017 | 2018 | 2019 | 2020 |
|------|------|------|------|------|------|------|------|------|------|
| 出荷量 | 951 | 906 | 958 | 956 | 933 | 946 | 920 | 917 | 876 |

出典：韓国統計庁の資料に基に筆者修正

焼酎の度数も過去に比べると低くなっている。最初の希釈式焼酎の度数は 30 度だった。それが 1973 年に 25 度まで下がり、以後 20 年間は 25 度が焼酎の適した度数だという認識が広がった。その認識を破ったのは、1996 年に釜山の大鮮酒造が発売した 23 度の C1 焼酎であった。C1 焼酎が成功したことを受けて舞鶴はホワイト焼酎を、金福酒はチャムスペシャルを上市し、地方を中心に低度数焼酎が広がった。1998 年 10 月に眞露がチャミスルを発売すると、韓国国内での低度数焼酎の競争はさらに激化した。現在は多くの焼酎の度数は 15.9 ～ 18 度まで下がっている。その理由については研究分野によって異なるが、一般的には①「酔うため」というよりも、「より気軽に楽しむため」に焼酎が飲まれるようになったこと、②女性向けの飲酒市場が拡大したことが挙げられる。その後、（焼酎以外の）低度アルコール市場の拡大と海外酒類の輸入拡大などにより、焼酎市場は徐々に縮小傾向を見せている。

　この節では、競争の激しい焼酎市場の中で、地方から首都圏へ進出を図った馬山にある舞鶴のケースを紹介し分析を行う。

## 2　株式会社舞鶴の紹介

| 図表2-1-5 | 株式会社舞鶴 |

出典：筆者撮影

　株式会社舞鶴は韓国の焼酎会社である。1965年に現会長である崔渭昇（チェ・イスン）氏が事業を引き継ぎ、「昭和酒類工業社」から「舞鶴醸造場」へと社名を変更したことが現在の「舞鶴」という名前の始まりである。韓国初の低度数焼酎「ホワイト」を発売したり、ジョウンデーを筆頭に様々なカラーシリーズで国内外の焼酎市場へ進出したりしている。現在は2代目の崔在鎬（チェ・ジェホ）氏が代表取締役として活躍している。

### 図表2-1-6　会社概要

| 会社名 | 株式会社舞鶴 |
|---|---|
| 代表者 | 代表取締役崔在鎬(チェ・ジェホ) |

| 本社所在地 | 〒51341 慶尚南道昌原市馬山會原区鳳岩工業団地2ギル6 |
|---|---|
| 創業年月 | 1929年3月5日 |
| 資本金 | 57億ウォン(約5億6千万円) |
| 売上高 | 1300億ウォン(約128億円)2020年3月 |
| 従業員数 | 461名 |
| 事業所 | 工場：6か所(国内5か所、ベトナム：1か所)<br>事業所：12か所<br>物流センター：2か所 |

出典：株式会社舞鶴の有価証券報告書から筆者修正

　ジョウンデーが多くの人から支持されたこともあり、当時の釜山市場でシェアトップであった大鮮酒造の「C1」を上回り、市場シェアトップとなった。また、同社は地域に留まらず首都圏にも進出し大手酒造会社とも競争している。2017年にはベトナムの酒造会社を買収し、東南アジア市場の開拓に取り組んでいる。

　しかし、韓国国内の酒類関連市場の競争激化や酒税の改正、輸入酒の増加、健康志向による酒離れなど市場全体の環境変化に伴い首都圏攻略に失敗し、地元での市場シェアも下がっていった。新型コロナウイルスの影響などもあり、2014年を境に売上高は減少の一途を辿っている。このような厳しい環境の中、舞鶴は自社の強みである「市場のニーズを他社より早く商品化する能力」を通じて、新製品の開発と製品多角化を進め、業績回復を目指している。

　以下では、株式会社舞鶴の歴史と特徴を振り返りながら事例分析を行う。

## 図表2-1-7　売上高推移

単位：ウォン

| 年度 | 2016年 | 2017年 | 2018年 | 2019年 | 2020年 |
|---|---|---|---|---|---|
| 売上高 | 2706憶 | 2505憶 | 1937憶 | 1557憶 | 1393憶 |

出典：株式会社舞鶴の有価証券報告書から筆者修正

## 図表2-1-8　主力商品

| 発売年度 | 商品名 |
|---|---|
| 1995年1月 | ホワイト |
| 2006年11月 | ジョウンデー |
| 2015年5月 | ジョウンデーカラーシリーズ<br>(YELLOW、RED、BLUE) |
| 2017年5月 | ジョウンデー(リニューアル) |
| 2018年1月 | ジョウンデー1929 |

出典：株式会社舞鶴の有価証券報告書から筆者修正

## 図表2-1-9　沿革

| 1929年3月 | 昭和酒類工業社設立 |
|---|---|
| 1946年6月 | (株)馬山醸造工業社商号変更 |
| 1965年2月 | 崔渭昇代表取締役就任、舞鶴醸造場に商号変更 |
| 1966年9月 | 韓国酒類業界で初めて自動化導入 |
| 1973年9月 | 慶南地域36か所の焼酎製造場の総廃合及び吸収 |
| 1973年9月 | 舞鶴酒造株式会社に商号変更および法人設立 |
| 1988年4月 | サンミ醸造合併 |
| 1994年5月 | 代表取締役崔在鎬就任 |

| 1995年1月 | 韓国初の23度焼酎「ホワイト」発売 |
|---|---|
| 1995年3月 | 第2工場竣工 |
| 1996年10月 | ホワイト 焼酎1億本販売突破 |
| 1998年1月 | 株式会社舞鶴に商号変更 |
| 1998年7月 | KOSDAQ登録 |
| 2000年8月 | 酒類研究所を設立 |
| 2002年5月 | 昌原第1工場を単一規模で世界最大容量の洗瓶器を導入 |
| 2003年9月 | 新築工場及び別館の竣工式 |
| 2005年8月 | 龍仁工場設立 |
| 2006年11月 | 韓国で初めてまろやかな焼酎「ジョウンデー」を発売 |
| 2008年10月 | チェ・ジェホ会長が就任 |
| 2009年10月 | 蔚山工場を新築 |
| 2010年7月 | KOSPI上場 |
| 2010年9月 | 環境経営システム(ISO14001)認証取得 |
| 2011年5月 | 釜山物流センター開所式 |
| 2012年2月 | 韓国総合株価指数（KOSPI）200に新規編入 |
| 2013年12月 | 昌原第2工場竣工 |
| 2014年12月 | ジョウンデー「第21回企業革新大賞」大韓商工会議所会長賞を受賞 |
| 2015年2月 | 昌原第1工場環境改善工事および1000BPM設備完備 |
| 2015年5月 | ジョウンデーカラーシリーズ「YELLOW,RED,BLUE(13.5%360ml)」発売 |
| 2015年6月 | ジョウンデーカラーシリーズ「SCARLET(13.5% 360ml)」発売 |
| 2015年7月 | ジョウンデーカラーシリーズ「PINK(13.5% 360ml)」を発売 |
| 2015年9月 | 昌原1工場HACCP認証 |

| | |
|---|---|
| 2015年10月 | 一山物流センター開所 |
| 2015年10月 | ジョウンデーカラーシリーズ「PINE(13.5% 360ml)」を発売 |
| 2017年5月 | ジョウンデー(16.9% 360ml)焼酎リニューアル発売 |
| 2018年1月 | ジョウンデー1929(15.9% 360ml)焼酎発売 |
| 2018年5月 | ジョウンデー(16.9% 360ml)焼酎リニューアル発売 |
| 2018年9月 | ジョウンデーカラマンシー(12.5%、360ml) 新発売 |
| 2019年3月 | ピッタリ!ジョウンデー(16.9% 360ml)焼酎発売 |
| 2019年10月 | 舞鶴青春焼酎(16.9%360ml)発売 |
| 2020年12月 | 7百万ドル輸出塔受賞 |

出典：株式会社舞鶴のホームページから筆者修正

## 3 　生成期のフレームワーク分析

　舞鶴は1929年3月、昭和酒類株式会社という屋号で設立
された。設立者に関連する記録は残っていないが、昭和酒
類株式会社は神戸の灘にある酒造の系列会社から50万円
の投資を受け、馬山地域の海岸埋立地に大規模な工場を立
て、関連会社を設立した。当時は清酒だけではなく、焼酎、
みりん酒、ぶどう酒、ウイスキー、ブランデーを扱う総合
酒類会社であった。生産量は清酒が1千石、焼酎が1千石、
みりん酒が150石、ぶどう酒が30石であった。つまり、多
品種少量生産をしていたのである。昭和酒類株式会社は関
連会社の中でも焼酎の生産を担当していた。

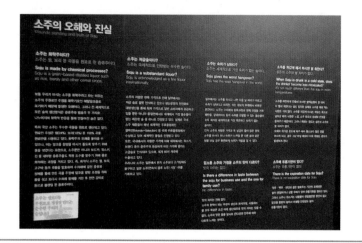

図表2-1-10　　韓国焼酎に関する情報(グッドディミュージアム)

出典：筆者撮影

　馬山（マサン）という地域は植民地時代以降、酒都と呼ばれるほど酒造醸造業が発達した。その理由は酒造りに適した気候で良質な水が流れており、釜山という大都市が近かったからである。日本からも近い立地条件であったことも理由の1つである。馬山に清酒工場が初めて建設されたのは1904年であった。『馬山市史』を見ると、馬山最初の酒造場は東忠雄が建てた「東清酒醸造場」である。それを皮切りに、1905年11月に現馬山合浦区西城洞（マサンハッポグ・ソソンドン）に石橋酒造場、1906年10月に現馬山合浦区将軍洞（チャングンドン）に五反田酒造場、同年11月に現馬山合浦区清渓洞（チョンゲドン）に永武酒造場というように、相次いで酒造所が作られていった。開港期だけで、馬山に建設された清酒工場は7か所あり、1940年代には13か所にまで増加している。

生成期のフレームワーク(1929〜1964年)

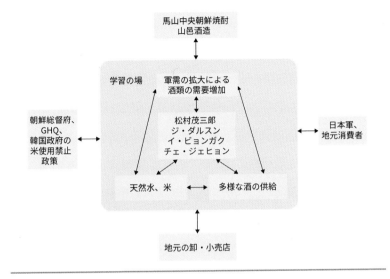

出典：筆者作成

　このような時代背景の中で、1935年、当時社長だった松村茂三郎氏は山邑酒造から昭和酒類株式会社を独立させ、資本金を150万円まで増やした。清酒の製造は山邑酒造が担当し、昭和酒類株式会社は焼酎を含めたその他の酒類を生産した。特に、当時生産した理研酒「一新」と焼酎「明月」は評判が高く、遠く満州国まで売られたと言われている。松村氏が焼酎部門を独立させた理由については伝わっていないが、当時の時代背景を考えると、日中戦争の激化と太平洋戦争の勃発により、軍納品の酒の生産需要が急激に増加したため、経営効率化を図ったものと推察される。

　その後、太平洋戦争が終結して韓国が日本から解放されると、日本人所有の酒造会社は敵国の資産と見なされ、す

べて米軍の管轄下に置かれることとなった。昭和酒類株式会社もその例外ではなかった。米軍は、これらの工場をかつて日本人の工場に従事していた従業員や酒類製造経験のある者、その他管理運営能力のある韓国人を選定し、管理運営を任せた。

図表2-1-12　敵産払下げのイメージ

出典：Illustration by Joon Moon M. D.

　昭和酒類株式会社は1949年に金鍾信（キム・ジョンシン）が管理者となった。金氏は植民地時代には日本の中央大学政経学部経済科を中退し、韓国馬山の企業家として活躍していた。また、米軍政庁から日本人敵産管理所長に任命されるなど、当時の馬山地域の有力者でもあった。金氏は管理者になってすぐに社名を東洋酒類株式会社に変更し、焼酎生産を続けた。
　その後、朝鮮戦争が勃発し経営難となったこと、金氏が企業家から政治家に転向することになったことを受け、1951年に馬山の企業家であるジ・ダルスン氏、キム・サン

ヨン氏、キム・ボンジェ氏に事業が移譲され、社名は「東洋酒類」になった。

1952年にはジ・ダルスン氏が単独代表となり、社名を東洋酒精工業株式会社に変更した。ジ氏は東洋酒類を単純に酒造りだけをする会社にはせず、酒精まで製造する総合焼酎メーカーに成長させたいと考えていた。そこで、米軍や政府の輸入物品関係者などとのネットワークを利用して、韓国で初めて輸入糖蜜を原料として酒精を生産した。

**図表2-1-13　舞鶴醸造場までの変遷**

| 年度 | 企業名1 | 企業名2 |
|---|---|---|
| 1929年 | 山邑酒造の韓国工場設立(昭和酒類株式会社) | |
| 1935年 | 昭和酒類株式会社(焼酎) | 山邑酒造(清酒) |
| 1951年 | 東洋酒類株式会社(焼酎) | 舞鶴酒造(清酒→焼酎) |
| 1952年 | 東洋酒精工業株式会社(酒精) | |
| 1953年 | 東洋酒精+舞鶴酒造＝舞鶴酒精工業株式会社 | |
| 1960年 | 有元産業株式会社 | |
| 1965年 | 舞鶴醸造場 | |

出典：筆者作成

しかし、すぐに終わると思われていた朝鮮戦争は1953年7月27日まで続き、原料確保が困難になった。そこで、ジ氏は、サムソンの創業者である李秉喆（イ・ビョンチョル）氏の兄、李秉珏（イ・ビョンガク）氏が経営していた舞鶴酒精と企業統合し、新しく舞鶴酒精工業株式会社を立ち上げた。その後、1960年に有元産業株式会社のチェ・ジェヒョン氏が、1965年2月には現舞鶴の会長である崔渭昇（チェ・

イスン）氏が事業を引き継いだ。

　以上の内容をまとめると、この時期、経営チームの活動の
ベクトルは企業を発展させる方向というよりは、むしろ、い
かに会社を存続させるかという方向に向いていたと言えるだ
ろう。もちろん、ジ氏のように人的ネットワークを利用して、
事業分野を酒造りから酒精生産にまで拡大した人物もいた。
しかし、この時期は日本の植民地支配から解放され、朝鮮戦
争によって社会インフラが崩壊し原材料確保が難航するな
ど、韓国企業を取り巻く環境が劇的に変化するような出来事
が続いていた。実際、植民地支配から独立した後から 1965
年の崔渭昇氏が事業を引き継ぐまでの約 15 年間は、社名と
社長が 5 回も変わるほど経営が不安定な時期であった。

　地域資源としては水や米、消費市場の近接さなどが挙げ
られる。特に、馬山の水は全国的に有名であり、醤油が現
在も盛んに生産されている地域でもある。しかし、設立当
時には酒造りに最適な地域資源を持っていたものの、同社
が主にターゲットとしていたのは民間ではなく、軍納品や
満洲国への輸出であったため、消費市場に近いという立地
上の優位性はあまり活かされていなかったと言えるだろう。

　一方、植民地解放と朝鮮戦争の影響により、韓国政府と
米軍は酒造りへの米使用禁止政策を実行した。その影響
で、雑穀を主原料とする酒精の価値が上がり、海外からの
糖蜜の輸入が増加した。1948 年の酒精生産量は前年対比約
400％増加し、1949 年には第 1 四半期の生産量だけで 1947
年の年間生産量を上回った。しかし、朝鮮戦争の影響で輸
入糖蜜の確保が難しくなり、多くの中小酒造会社は生産中
断を余儀なくされた。また、1965 年に施工された糧穀管理

法により焼酎の原料代替が避けられなくなったため、蒸留式で生産していた全国の多くの焼酎業者は希釈式に生産方式を転換せざるをえなくなった。

　このように、生成期は極めて厳しい経営環境の中で、企業を存続させるだけで精一杯な時期であった。企業管理者の変更や合併、社名変更などを行いながら少しでも事業分野の拡大を狙い、酒類関連制度の変化の波に適応し、米から雑穀を利用した酒精に原材料を変えることで、この時期を乗り越えたと言えるだろう。

## 4　形成期のフレームワーク分析

図表2-1-14　形成期のフレームワーク(1965～1994年)

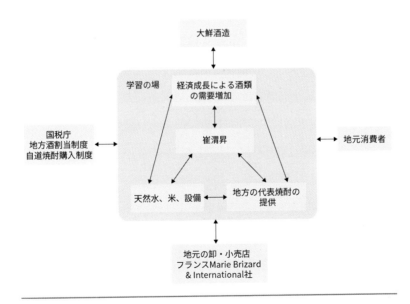

出典：筆者作成

次に崔渭昇（チェ・イスン）　現会長が主に企業家として
活動していた形成期の分析をしていこう。この時期、糧穀
管理法とさつま芋消費促進政策（1965年）により、焼酎製
造に雑穀を使用することが一切禁止され、代わりにさつま
芋を酒精の原料とするような強力な政策が実行された。

　しかし、国内のさつま芋の生産量だけでは、国内の酒精
の需要を充足させることが難しく、結果、焼酎の生産量の
減少につながった。そこで、韓国政府は1965年から輸入糖
蜜を酒精原料として再度使うような政策をとった。その後、
さつま芋増産政策の結果が少しずつ出始めたことで焼酎の
生産は再び増加傾向となった。当時、穀商を経営していた
崔渭昇氏はこうした一連の流れの中で、焼酎産業に可能性
を感じるようになったという。

図表2-1-15　　崔渭昇氏の企業家活動

出典：Illustration by Joon Moon M. D.

崔氏は1932年12月、慶尚南道固城郡大可面岩田里（テガミョン・アムジョンリ）で生また。貧しく大変な少年期を過ごす中で、崔氏は大明天地の広い世界に出て、自分の将来、自分の人生を自分の力で開拓してみたいという夢を持った。

　崔氏は我が身一つで故郷を離れた後、馬山（マサン）、釜山（プサン）、故郷を行き来し職を探した。しかし、技術も経歴もない田舎者に対して世の中はあまりにも厳しかった。埠頭の荷役や豆腐工場、はさみ工場など、様々な仕事に打ち込んだものの、急速にインフレが進む激変期にあって貨幣価値は日増しに下がり、状況は好転しなかった。物価は何倍も跳ね上がっているのに、給料はそのままだったのである。金儲けをすると決心した日から、崔氏は従業員をたくさん雇用して、自分の商売、自分の事業をするという夢を持った。

図表2-1-16　過去の舞鶴の姿(グッドディミュージアム)

出典：筆者撮影

その後、大根商売、陶器商売、リンゴ商売などに飛び込み度重なる失敗を味わったが、体一つを元手に社会の底辺で転がっていくうちに、あらゆる経験をして世の中の道理や世の中の人情を読み取る眼目も育てることができ、人と人との間の正直さと信義がどれほど大切なものであるかをその時初めて悟ることができた。

　崔氏は商人ではなく企業家として活動したかったと言う。立派な工場、事業体と呼ばれるほどの製造会社を買収して運営したいと考えていたのである。その希望が実現したのが、1958年頃の馬山押麦工場の買収であった。

　第一製糖（現、CJ）の代理店と穀商は、穀物と飼料を主に扱う商社であり、工場で製品を生産して供給したことがなかった。事業家ではなくただの商売人にすぎないという不満が常に彼にあった。何か自分の手で機械を回して、ものを製造／生産し供給する本格的な企業家の道を歩むために、様々な方面に模索してきたが、事業転換は容易ではなかった。

　そのような崔氏が企業家の道を歩むようになったのは、慶尚南道（キョンサンナムド）内の政府搗精（とうせい）工場の副産物を入札で落札し、全量買収することになったのがきっかけである。しかし、せっかく買収した押麦工場も大きな収益を得ることができず、見通しもあまり良くなかったため、他人に譲渡してしまった。

　1956年頃、釜山凡一洞にオープンした第一製糖代理店は、崔氏が本格的に手掛けた最初の事業であり、酒造業を営むようになる確実な契機となった。

　これまでの不運や不幸がすべて過ぎ去ったかの如く、そ

の後の事業は順調に拡大・成長していった。本社からより多くの物量を配分してもらう必要があったが、需要に供給が追い付かず、困難に直面することになった。その後、米、麦、豆のような穀類と米穀、麩、麦ぬかなど搗精副産物を扱う穀商「大興商事」を営むようになった。

　その頃、酒精工場とも取引をするようになったが、焼酎産業に関心を持つようになったのは、酒精工場に酒精生産に必要な原料を販売するようになってからであった。酒精や焼酎の生産量が徐々に増加していることに気づき、焼酎産業の展望は明るく、経営さえうまくいけば収益を確実に上げられると考えるようになった。

　その後、取引先であった馬山の有元事業に酒精原料を納品したのがきっかけで、有元産業から焼酎部門を引き継ぎ、社名を舞鶴醸造場と変更して初代の社長に就任した。

　崔氏が社長就任後、最初に着手したのが製造工程の自動化であった。当時の焼酎会社は零細企業が多くすべての工程に人手が必要であり、大量生産ではなく少量生産だったため、品質が安定しなかった。もちろん、供給を需要が上回っていたため、酒とさえ名が付いたらすぐ売れる市場ではあったが、長期的な視点からみると自動化は必ず取り組まなければならない課題であった。

　1966 年、崔氏は韓国中小企業産業視察団の一員として東京と大阪の企業ツアーに参加した。そこで、自動化された製造工程の中で、衛生的で品質の安定した日本酒が生産・包装されているのを見て、工程の自動化に取り組むことを決めた。

　しかし、韓国にはそのような技術を持つ企業が無かった

ため、崔氏は自分が以前から持っていた人的ネットワークを利用して、日本から中古の洗瓶機を導入した。その後、社員たちを日本へ研修に送り、焼酎用に瓶の生産工場まで建てた。これは、当時の韓国の酒類製造会社では想像もできなかったことで、初めて自動化生産方式を取り入れた工場となった。

次に、事業コンセプトとして挙げたのが「慶尚南道を代表する焼酎」にすることであった。この事業コンセプトは舞鶴の理念でもあるが、韓国政府の政策によるものでもあった。

1960年代の舞鶴は確かに馬山を代表する焼酎会社ではあったが、馬山地域内にも多くの焼酎会社があり、隣の釜山にも大鮮酒造を中心に多くの酒造会社が存在していた。つまり、限られた地域の焼酎市場のパイをめぐって、多くの競合他社がひしめいている時期だったのである。

この現象が他の地域にも同様に見られたため、1973年7月から韓国の国税庁は必要以上に乱立している焼酎製造場を統合する作業に着手した。

各道につき1社、全国で10社だけを存続させるという国税庁の方針のもと、舞鶴酒造は慶尚南道地域の代表に選ばれ、36社を統廃合して舞鶴酒造株式会社に商号を変更し、新昌洞（シンチャンドン）に移転した。

新昌洞の舞鶴酒造工場はもともと日本人が経営していた「清水」という清州工場があった場所であった。植民地支配から解放された際に、大東酒造に商号は変更され、その後73年に舞鶴が慶南焼酎工場を独占所有し、舞鶴酒造の工場として使用された。

舞鶴が慶尚南道地域の36社を統廃合した理由は、上述したように他の会社では真似できない自動化技術を保有し、焼酎の味を決める高い品質の水源を所有していたこと、崔氏が地域密着型の企業家であったからだと考えられる。

　崔氏は舞鶴以外にも慶南銀行の設立推進委員及び株主として参加し、1979年から1988年まで馬山商工会議所の会長を務めるなど、常に地域の先頭に立って地域に貢献しようとコミュニケーションを取っていた企業家であった。

　企業家活動に影響を与えた行政の制度としては酒精割当制度が挙げられる。酒精割当制度とは、酒を生産する企業の酒生産量を一定の水準に統制するため、政府が酒の原料である酒精の供給量を制限するというものである。現在は廃止されたが、1992年までこの制度は適用されていた。

**図表2-1-17**　　舞鶴と大鮮酒造の競争

出典：Illustration by Joon Moon M. D.

当時は、酒税行政の主務省庁である国税庁が焼酎メーカー別に年間酒精供給量を決め、酒精会社にこの範囲内でのみ酒類メーカーに酒精を供給するようにしていた。「すべての酒類の原料を国税庁長が割り当てる」という当時の酒税法の規定に基づいたものであった。割り当て方法は前年度のメーカー別出庫量を基準に生産比率を算定し、この範囲内で酒精を割り当てる方式であった。

　この制度は焼酎メーカーの過当競争を防ぐために設けられたものだったが、業界の自発的な競争を害するという指摘を受けてきた。そのため、政府は酒精配分量を業者らが自発的に合意した水準に決めるように制度を変更したが、1993年からは廃止となっている。

　また、1976年には自道焼酎購入制度を導入した。自道焼酎購入制度とは、地方の酒類産業を保護することを目的として、政府が酒類卸売業者に自社が位置する地域の焼酎会社の焼酎を購入量全体の50%以上を購入することを強制する制度であった。

　これらの制度の影響により、舞鶴は酒造会社の統合作業以降、酒精の量が需要に追い付かず流通網も縮小した。しかし、生産設備の拡充と晋州（ジンジュ）、蔚山への支店の設置による流通網の整備、舞鶴酒精の設立によって慶尚南道地域を代表する焼酎会社にまで成長を遂げた。

| 図表2-1-18 | 舞鶴焼酎の変遷 |

出典：筆者撮影

　舞鶴が本社機能を置く馬山は釜山と地理的に近いため、舞鶴の一番の競争相手は大鮮酒造であった。現在も慶尚南道を中心に競争をしている大鮮酒造の「C1」は全国的に売れている焼酎の一つである。大鮮酒造は舞鶴より２倍程規模の大きな会社であり、市場規模は馬山より遥かに上回っていた。特に、韓国の焼酎は蒸留式ではなく、希釈式であるため、大きな味の違いはない。そのため、ブランド力が販売に直結する傾向が強かった。崔氏はこのような差別化が難しい商品の特性から離れるため、他の酒類分野への

進出を決めた。当時、韓国経済は韓江の奇跡と呼ばれる経済成長期であった。消費者の購買力が上がり、海外の酒類にも興味を持つ時期であった。そこで、崔氏は今後、海外の酒類が国内で流行すると予測し、当時リキュールを生産していたサンミ醸造を買収（1988年）し、リキュールを発売した。しかし、技術力が十分でなくリキュールに対する消費者の認知度が低かったため、崔氏はフランスMarie Brizard & International社とリキュールに関する技術提携をし（1991年）、海外の酒類を専門的に輸入・販売する舞鶴酒類商事を設立（1990年）した。このように、焼酎だけではなく、西洋酒などを取り扱う関連多角化をすることによって、企業規模を拡大していったのである。

　しかし、1996年に安定的な販売を担保していた自道焼酎購入制度が突然廃止されることになった。地域市場で安定的に経営活動を行い、競争の波に堕ちる準備ができていなかった多くの地方の焼酎会社は激しい競争の嵐の中へ羅針盤もなく出港せざるをえなくなった。ある程度、制度廃止に備えていた舞鶴にも大きな危機が訪れることとなる。

## 5　成長期のフレームワーク分析

　成長期である2代目の崔在鎬（チェ・ジェホ）氏の時代のフレームワークは次のとおりである。企業家は崔在鎬氏を中心に専門経営者であるイ・スヌン氏で構成されており、2015年からは息子で総括社長である3代目の崔洛晙（チェ・ナッジュン）氏が企業家チームに参加している。

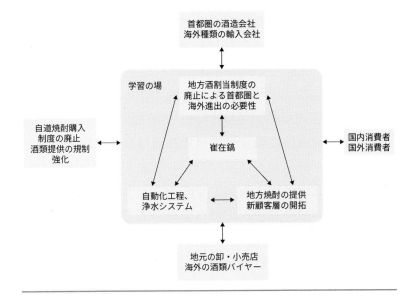

首都圏の酒造会社
海外種類の輸入会社

学習の場

地方酒割当制度の
廃止による首都圏と
海外進出の必要性

崔在鎬

自道焼酎購入
制度の廃止
酒類提供の規制
強化

国内消費者
国外消費者

自動化工程、
浄水システム

地方焼酎の提供
新顧客層の開拓

地元の卸・小売店
海外の酒類バイヤー

出典：筆者作成

　この企業家チームはインフォーマルなネットワークを中心に専門経営者がサポートする形で構成されている。このような企業家チームの形は韓国の多くの企業で見られるパターンであり、主に後継者育成と経営権の継承を同時に行う際によく見られる形態である。また、外部経験を重視することも特徴である。2代目の崔在鎬氏の場合、1982年に慶南大学経営学科を卒業し、ROTCの士官として軍兵役を行い、除隊後の1984年から1985年まで大熊製薬の企画室で勤務した経歴がある。また、3代目の崔洛晙氏も慶南銀行の財務企画部で勤めた経験があり、2015年3月からはマーケティング、グローバル事業部、首都圏戦略本部など

で後継者訓練を受けている。

　ところで、崔在鎬氏が社長に就任した時期は、焼酎業界にとって大きな転換期であった。第1の理由は焼酎の国内消費量の減少、およびワインやビールといった安価なアルコール飲料の台頭である。実際、2001年をピークに2002年から減少し始めた焼酎の市場シェアは2008年に−30.5%、2009年に−31.5%、2012年−22.9%など毎年継続的に減少している。つまり、舞鶴の競合他社として、地元や他道の酒造会社のみならず、新たに大手のアルコール飲料メーカーが参入してきたと言えるだろう。消費者のアルコールの好みや購買体系が変化してきていることにも留意する必要がある。

　第2の理由は自道焼酎購入制度の廃止である。形成期のフレームワークで、自道焼酎購入制度は安定的な販売チャンネルの確保と潤沢なキャッシュフローをもたらした。これは地域の産業を守る意味で大変重要な制度であった。

　しかし、酒類産業、特に焼酎業界においては生産、工程、価格、販路まで殆どの経営活動が国に規制されており、差別化を図ることが極めて難しかった。よく言えば地方の焼酎産業を保護してきたと言えるが、厳しく言うと競争が殆ど行われず進化・発展が緩やかな業界だと言えるだろう。つまり、企業外部の政府の制度、パートナー企業の変化、競争企業の台頭、顧客の変化といった外部の要素が大きく変化したため、組織に大きな変革が求められたのである。

　崔在鎬氏はこの外部からの影響、特に国内消費者の焼酎への嗜好の変化を一早くキャッチし、従来のような度数が高い焼酎のみでは自社が生き残っていけないことを認識した。これがきっかけとなり崔在鎬氏は、顧客に新たな価値

を提供し、自社の焼酎を守り続けながらも、企業の新たな顧客層を開拓する第2の創業を事業コンセプトに掲げて事業を行っていくことになった。

　崔在鎬氏は新たな顧客層、特に女性や若者の購買につながるような新商品を開発するため、社内のネットワークを利用し、これに取り組んできた。崔在鎬氏は、舞鶴酒類商事の海外酒類輸入販売情報を確認する中で、既存のアルコール度数である25度の焼酎では、低度酒のビールやワインとの競争で淘汰されかねないという危機感を感じ、初めて低度数焼酎市場を開拓することにした。この考え方の発想は既存の焼酎を改良した持続的イノベーションといえるとともに、当時は存在しなかった低度数焼酎市場を最初に開拓したことから破壊的イノベーションであるとも言えるだろう。

図表2-1-20　**舞鶴の特許(グッドディミュージアム)**

出典：筆者撮影

そして、一度作られた市場優位性を持続させるために、ホワイトに続いて現在の舞鶴の看板商品であるジョウンデー（2006年）を発売した。ジョウンデーは韓国名山の一つである智異山から湧き出た岩盤水を100％使った天然のアルカリ水焼酎であり、国内で初となる16.9度の超低度数焼酎であった。超音波振動工法（Ultrasonic Wave Vibrations工法）により長期間自然熟成と同様の品質改善効果を可能にしており、微細超音波でアルコール分子を分解して、飲む際に柔らかくて淡泊な雰囲気を醸し出すさっぱりとした味わいがするのが特徴である。これに、さらに必須アミノ酸を国内で初めて添加し、焼酎の機能性をいっそう高めている。

　そして、後続作としてカラーシリーズ（2015年〜現在）も市場に出し、低度数焼酎市場での先行者優位を得ている。特にカラーシリーズが大ヒットしたことで、舞鶴は全国的な焼酎会社として名をあげるきっかけとなり、海外でもジョウンデーのカラーシリーズは大好評を得ている。

　その結果、舞鶴の全国市場占有率は2009年の8.5％から2017年の12.7％まで上昇した。地元の慶尚南道では、釜山が70％、慶南が95％、蔚山が90％（2013年）まで市場シェアを高めている。

出典：Illustration by Joon Moon M.D.

　地方酒割当制度の廃止により首都圏の大手企業の地方攻略が加速するにつれ、慶尚南道を拠点とする舞鶴の立場では、他社が進まなかった道を開拓する必要性があった。そこで、組織改編も行い、研究開発を専門とする中央研究所を設立（2000年）し、生産工場も既存の第1工場の増築と改善（2003年）、第2工場の竣工（1995年）を行うことで地元での生産基盤を拡充し、蔚山工場（2008年）、龍仁工場（2008年）を設立するなど、他地域や首都圏への進出を図るための設備投資も積極的に行った。

　このような速やかな動きの背景には崔在鎬氏の推進力と外部ネットワークの活用が挙げられる。1988年、舞鶴に初めて入社した際のことについて崔在鎬氏は次のように語っている。

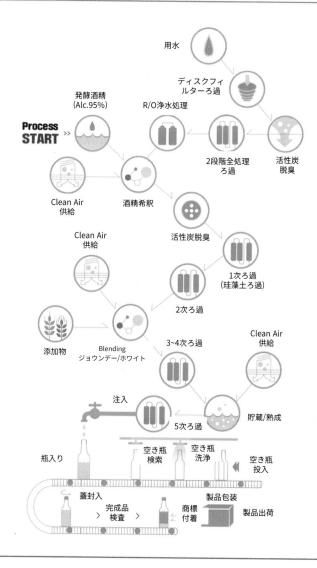

出典：株式会社舞鶴のホームページから筆者修正

　「事務所ごとにソファがあり、従業員はソファに座って

雑談を楽しんでいた。それでも夕方6時になると定時退社した。やってみようという熱気はあまりなかった。地元を舞台に焼酎を生産・販売する酒類会社は時代の流れに立ち遅れていた。しかし、誰一人として会社を心配するものはいなかった。努力せずにじっとしていても生きることができたからだ。『自道焼酎購入制度』のためだった。地域の焼酎企業は、『自道焼酎購入制度』の傘の下で生存し、変化を追求する考えすらなかった。それは舞鶴も同じだった。」

　当時、血気盛んだった崔在鎬氏は、会社の経営方針を理解できなかった。日本に留学する前、大熊製薬の企画室で働いていた時は仕事に夢中であり、週末にも出勤して働くのが当然視されていたと言う。ところが舞鶴にはこのような仕事に夢中で取り組むような雰囲気がなかった。崔在鎬氏は舞鶴の雰囲気を変え始めた。まず、事務室にあったソファを片付けた。次に、働かない役員には人事措置を断行した。会社内外から「一緒に働きにくい人だ」という不満の声がもれた。しかし、既に変化と改革の決心を固めた彼には聞こえなかった。父である崔氏に「仕事のできる人を選ばなければならない」、「会社が発展するためには宅配とコンビニ事業を始めなければならない」と毎日のように提案した。

　当時の舞鶴は、営業利益が1年に3〜5億ウォンにすぎなかった。崔氏は崔在鎬氏の提案をすべて受け入れなかった。崔在鎬氏の提案がとても型破りだったからである。その頃はまだ崔氏がコンビニや宅配業を理解するのは難しかった。まだ韓国内にはその概念すら定着していなかった時期でもあった。崔在鎬氏は父親とは違う方向で焼酎会社

を経営したかった。地方の焼酎企業ではなく、全国的な企業にするという夢が芽生えた。しかし、その夢は簡単には叶わなかった。結局、1年後に辞表を出して会社を飛び出した。しかし、崔氏は自分の息子に考え直してほしいと話し、崔在鎬氏は舞鶴に戻った。

図表2-1-23　舞鶴の地域酒

出典：筆者撮影

　舞鶴に戻って初めての仕事は1989年から1990年代初期まで続いた自動包装機械会社シンミョン工業のストライキを解決することであった。彼はこの問題を解決するために、高校の工業教科書を持ってきて、一から新しく勉強した。

旋盤がどうで、ミリングが何で、制御費はどうやって求めてなど、問題を解決するための基礎知識を積み上げ、現場で社員たちとぶつかりながら問題を一つ一つ解決した。それとともに「この会社はあなたたちのもの」という主体的な意識も植え付けた。当時は体質上、お酒を全く飲めなかったが、組合員らと気軽に話をするために一緒にお酒も飲んだ。

このように、問題を解決するためには自ら最前線に入り込むことをいとわない崔在鎬氏は、1994年に舞鶴の代表取締役社長として就任した後も、自ら社員とのコミュニケーションを積極的にとり、自ら営業現場を回りながらお客さんから生の声を聞き、消費者のニーズを把握して経営に反映させている。

次に、地域のコア資源である水の保存については、馬山に1970年代から工場団地が作られ始め水質も徐々に悪くなった。これまで使っていた岩盤水では食品安全基準を満たさなくなったため、舞鶴は2010年以降水道水を使わざるを得なくなった。

そこで、舞鶴は工場ごとに独自の浄水処理システムを設置し、活性炭と逆浸透圧（R/O）ろ過を含む精密ろ過システムを活用して、浄水処理して使用するようになった。

浄水処理システムは最終製品注入前にもう一度使い、消費者が懸念する成分を完璧に除去している。そこで出た精製水については外部機関に分析を依頼し、飲み水の基準に基づいて計59項目の水質検査を行い、安全性が確保されていることを消費者にアピールすることで、自社商品への信頼度を高めている。

| 図表2-1-24 | 首都圏進出を図る舞鶴 |
|---|---|

出典：Illustration by Joon Moon M.D.

　また、海外への進出も積極的に行っており、東南アジア市場を攻略するためにベトナムの酒類会社「ビクトリー」を買収（2017年）し、ジョウンデーを現地化し販売している。そして、中国、日本、米国、オーストラリア、ニュージーランドなど20か国にも現地協力会社と連携して積極的に輸出しており、2016年の420万ドルから2018年は550万ドル、そして2021年には700万ドルもの輸出をしている。

　先行研究において資源的に困難を抱える地域企業は資源的制約を克服するために、地域の他企業、大学等の研究機関、地方政府と戦略的提携を結び協力し合っていく「ネットワーク創造による戦略的提携」を結ぶことが重要であることを述べた。安全性を確保できる添加物や生産関連技術の開発のための研究開発費及び時間は中小企業にとっては大きな課題になる。舞鶴は自社の研究所だけではなく地元の研究機関や大学と連携することで効果的に開発を行うことが可能になったのである。特に、慶尚南道には韓国工学

の集大成ともいえる韓国科学技術院（KAIST）が位置しており、その他にも数多くの大学や様々なベンチャー企業、付設研究所などが位置している地域である。このような地域資源を積極的に活用することで、地域ネットワークを維持するとともに、自社の競争力として活用できれば、舞鶴の将来は明るいだろう。

**図表2-1-25　　グッドディミュージアム**

出典：筆者撮影

　次に首都圏競争の激化と地域市場シェアの下落についてはどうだろうか。舞鶴が位置する釜山、慶南の人口は約700万人だが、首都圏の人口は約2500万人で釜山、慶南よ

り約3.5倍大きい市場である。首都圏市場は舞鶴にとって
魅力であり、自道焼酎購入制度の廃止によって首都圏の大
企業との摩擦は必至だった。したがって、舞鶴の立場では
首都圏進出はある意味当然かも知れない。しかし、果物味
の焼酎の人気が下がり、首都圏占有のために莫大なマーケ
ティング費用を投資したものの、舞鶴の場合、一時的に7%
にまで上がった首都圏シェアは1%に落ちてしまった。

| 図表2-1-26 | 2020年度組織図 |
| --- | --- |

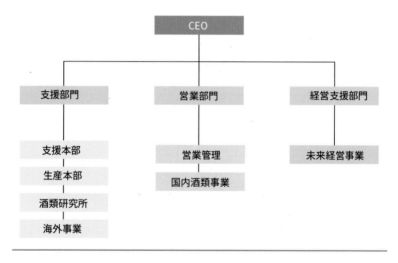

出典：株式会社舞鶴の有価証券報告書から筆者修正

　一方、慶尚南道地域の焼酎シェアも、ライバル会社だっ
た大鮮酒造が2017年から「C1」焼酎から大鮮焼酎へ「レ
トロマーケティング」を展開した影響を受け、90%あった
シェアも現在は42%にまで低下している。反面、ハイト真
露、ロッテ酒類など首都圏の大手企業の広範囲なマーケ

ティングにより、地元の競争が激化し、営業利益がマイナスに転じてしまった。

　そこで、舞鶴は組織改編を行い、事業部門を支援、営業、経営支援の3つから支援、生産研究、マーケティング、営業の4つに細分化し、中部、西部、東部、釜山の4つの営業所を中部と東部に集約した。こうした動きは不要な事業部門を減らし、新製品開発に邁進する「選択と集中」を採用したものであった。また、会長直属の部署だった研究所を事業部門に昇格させ、研究開発と新製品の発売に力を注いだ。その結果、2020年には黒字に転じている。舞鶴は地元の市場を守りながら他地域への進出を精密に計画する必要に迫られていると言えるのではないだろうか。

## 第2節　SPC グループ

### 1　韓国のパンの歴史

　韓国がパンに始めて接したのは 1720 年代に遡る。李頤命（イ・イミョン）という当時の朝鮮の左議政が息子を連れて北京に行った際、天主党という場所で「西洋の餅」を食べたという記録が「一菴燕記」という本に残っている。そこには、次のように記載されている。

　「柔らかくて甘く、口に入れるとすぐに溶けたので、実に奇異な味だった。作り方は砂糖、卵、小麦粉で作られたという」

　記録から推測すると、現在のカステラだと推定される。1882 年の壬午軍乱 以降、日本人が漢城（現、ソウル）に住み始めてから、この西洋の餅が入るようになった。日本のパンが韓国国内で作られるようになったのもこの時期からだと言われている。

　日本の植民地統治下においては、日本の工場で作ったイースト菌が韓国国内に輸入され、販売されていた。日本人が運営するベーカリー店では、和菓子とともにイースト菌が入った柔らかいパンも販売されていた。当時の韓国のベーカリー店の殆どは日本人の運営する和洋菓子専門店であった。1920 年代には、ソウルに日本人が初めて西洋式の

パンと菓子を専門的に販売するベーカリー店をオープンした。

1919 年 5 月には、日本人が北朝鮮の南浦市に製粉工場を設立した。これにより、朝鮮半島産・満州産・米国産・カナダ産の小麦を、仲介業者を通じて大量に仕入れたり、直接購買したりできるようになった。1920 年代の後半になると、朝鮮半島で作るパンの材料となる小麦も市場に流れるようになった。

1921 年にはソウルの龍山に豊国製粉株式会社が設立され、小麦が徐々に普及するようになった。当時、朝鮮半島のお米を大量に日本に輸出した結果、朝鮮半島内の食料が足りなくなっていた。そのため、代替する穀物が必要であり、その代替案として小麦粉を普及させたのであった。もちろん、小麦粉の殆どは中華料理屋や和食などに使われたが、パンの普及とともにパンの消費も大幅に増加した。

ケーキが初めて登場したのは 1920 年代で、当時の上流層が主催するパーティーで一番目立つ料理であった。食パンも日本から入り、当時の文化の流れを主導した人々は朝食としてベーカリー店から食パンを購入した。

1930 年代は、日本の大企業である森永や明治などがソウルに代理店を置き、キャラメル、飴、羊羹、キャンディー類などを販売した。1937 年、日中戦争を起こし、満州を掌握した日本は満州産小麦も手に入れた。これにより、日本人が経営する製パン業が盛んになった。当時、パンを作る技術者を日本から調達することが難しかったため、自然に朝鮮人が製パン業界に進出し、パン職人を目指すようになった。

1940 年になると、ソウルだけでも 140 余りのパン屋が事

業を営んでいた。1942年の資料によると、パン職人の日本人が155人であったのに対し、朝鮮人は323人にも上っていたと記録されている。軍納のためのパン作りには朝鮮人も参加していたと見られている。以上のような歴史的背景から、韓国の製パン業界では韓国が独立し、日本人が去った後も日本式の「パン屋」の在り方が色濃く残ることとなった。

　植民地支配から独立した後、米国が駐留したこともパンの文化を発展させる起爆剤の役割を果たした。米軍が提供する小麦粉と砂糖を利用して、もう少し甘くて柔らかいパンが作られた。この頃、最も目立った活躍をしたのが、本ケースの主人公である許昌成（ホ・チャンソン）という人であった。14歳の時から黄海道甕津（ファンヘド・オンジン）のパン屋で店員として働き、1945年に「賞美堂」（サンミダン）というパン屋をオープンした。従来のパンの流通網についてよく知っていたため、事業が早い時期に成功し、1948年ソウルの乙支路（ウルジロ）に賞美堂を移転した。

　しかし、1950年に朝鮮戦争が勃発すると、彼の事業拠点は焼け野原となった。戦後の1959年、龍山にパンとビスケットを大量生産する工場を建てた。これが「三立産業製菓株式会社」である。1960年代、在韓米軍にパンを軍納し、量産型の製パン業者として定着し始めた。

出典：Illustration by Joon Moon M.D.

　賞美堂より少し遅い1947年、ソウル駅裏の中林洞（チュンニムドン）に「永一堂製菓」がオープンした。尹台鉉（ユン・テヒョン）は全羅南道海南（チョルラナムド・ヘナム）出身で、日本の植民地支配からの独立後、米軍が流通した小麦粉に注目してパン屋をオープンした。特に1956年に和菓子を応用して作った「サンド」が大成功を収めている。1950年代に国民一人が1年に50個以上買って食べたほどのヒット商品であった。

　このように、韓国のパンの歴史の発展の基となったのは軍隊に納品される戦闘食糧であった。また、1953年の米国の食糧援助を受けて実施された小学校の給食パン制度も量産業者が成長する動力となり、ここに朴正熙（パク・ジョンヒ）政権の混分式奨励政策は量産業者を本格的に育てる土壌となった。1950年代にはドイツパン屋、ニューヨークパン屋な

どの西洋風の名前のパン屋が生まれたが、これは朝鮮戦争以降米国の影響を強く受けた結果であると推察される。

パンを量産する企業が成長をした背景には、それだけの量のイースト菌を製造する企業の誕生があったことは見逃せない。1960年代、第一物産洋行で初めてイースト菌が製造され、その後、朝興化学も合流した。1967年、韓国政府は大腸菌を起こす可能性があるとして「生イースト」の販売を禁止したが、それを受けて「ドライイースト」を製造した両社は、結果として速やかに成長することができた。

1950年代後半から1960年代に新しい風が吹き始めた。個人が営むパン屋が復活したのである。韓国政府が混食を奨励したため、「○○堂」「○○社」といった名前のパン屋ができたが、これは植民地時代に日本人が経営していたパン屋に影響を受けたものであった。群山の李聖堂はもともと日本人の広瀬安太郎が1920年にオープンしたパン屋であった。日本から独立した後、その隣で小さなパン屋を営んでいたイ・ソグ氏が敵産物件として売りに出された所を買収し、李盛堂に改名して運営するようになった店舗であった。太極（テグク）党、高麗（コリョ）党も人気を博していた。

個人パン屋の影響と政府の推し進めた政策の影響を受け、1972年にはパン・洋菓子メーカーは2,165社となった。朴正煕政権が混合粉食奨励運動を進めた結果、学校に大規模の給食パンが提供された。ところが、1977年に給食パンを食べた子どもが亡くなる事件が発生したため、給食パン制度が廃止され、小規模なパン業者は衰退の道を辿ることとなった。

1980年代以降、地元のパン屋が繁盛し、ソウルでは高麗堂やニューヨーク製菓、新羅銘菓などが、パンを工場で生

産し提供するフランチャイズへと事業形態を変化させた。
三立産業製菓株式会社は、三立食品とシャニーに分離して
拡張し、ホ・チャンソンの次男が務めるシャニーは、1980
年代以降、蒸しパンの販売とともに、パリバゲットやパリ
クロワッサンのような大型フランチャイズ事業を始めた。
高麗堂や太極堂、ニューヨーク製菓などは、一時全盛期を
享受したが、この大手企業との競争で遅れを取り、歴史の
舞台から姿を消した。

　永一堂製菓は、サンドの包装紙に描いた王冠マークを応用
して社名を「クラウン製菓」に変え、2005年にヘテ製菓を買
収し、パンはもちろん菓子類でもシェアを伸ばしていった。

図表2-2-2　　パリバゲット

出典：筆者撮影

　このように、1990年代から2000年代まではパリバゲッ
トやトゥレジュールなどの大手企業のフランチャイズが盛
んになる一方、その他の中小規模の大量生産していた会社
は倒産し、街中のパン屋も次々と廃業に追い込まれる事態

となった。工場で一括生産され、各拠点に納品する大型フランチャイザーは、どこで食べても同じようにおいしいパンを人々に提供し、支持を得ていた。特に、かつてはパンの製造・販売に特化していたパン屋でありながら、そこに洗練されたカフェの概念を取り入れ、発展を遂げたパリバゲットは、フランチャイズ化の成功例として様々な研究事例として紹介されている。

1990年代に入り海外旅行の自由化が進むにつれ、和風と米国のパンの味に慣れた人々が、ヨーロッパのパンの味に目覚めた。健康的な食品を食べたいという社会のトレンドに合わせて、ウィンドウベーカリーという新しい文化が生まれた。若くて活気のあるベイカーたちが登場し、添加剤を入れない手作りパンを作って販売し始めたのである。静かに生まれたこの文化は、消費者が大型フランチャイズパンを拒否する出発点となった。

ウィンドウベーカリーが流行したことによって、これまで大型フランチャイズパンのみだった韓国に、新たなパンの世界を切り開かれた。若く才能ある人々がベイカーという職業に魅力を感じて個人工房式に構えたパン屋を作り、製菓と製パンを分離し特化する文化が生まれた。2010年以降は、食パンやクロワッサンのみ販売するなどの細分化が進んだ結果、専門ベーカリーができた。韓国産小麦や地元農家の小麦でパンを作る試みも行われている。これは特に、家族のために健康なパンを作るというホームベーカーの支持を受け、人気を集めている。

大型フランチャイズパン屋はこれらの成長に脅かされ、モットーを「天然発酵」に転向せざるを得ないところにまで

追い込まれている。工場でのイースト菌の製造と、フランチャイズによるパンの大量生産が武器だった大手企業も今では「健康、手作り、発酵、天然」が顧客からの支持を得るための重要なコンセプトであると認識しているのである。

　現在、韓国ではフランチャイズベーカリー、長い伝統を持つ地域の名物パン屋、天然発酵と手作りパンが売りのウィンドウベーカリー、デザートカフェなどが多彩に分化し、歴史的にどの時期よりも激しい競争の中で栄えており、ヨーロッパ式パン、和風パン、韓国式パン、米国式パンなどが世界のどこと比べても遜色のないほど多彩で興味深い焼き方をされ、陳列台でお客様を待っている。


## 2 SPCグループの紹介

図表2-2-3　　SPC社屋

出典：筆者撮影

本研究では、許昌成（ホ・チャンソン）氏が創業し、現在韓国最大手の製パン企業であるSPCグループについて紹介し、3つのフェーズで分析を行う。

　賞美堂（以下、SPCという）は国内に6500店舗、海外に430店舗を運営している企業である。2020年の売上高は6兆5000億ウォンを記録している。

　SPCグループは総合食品会社で、主力事業は「パンの製造・販売業及びパンの製造と関連した原料の販売・流通、フランチャイズ事業」である。国内ではパリバゲット、パリクロワッサンなどのパン屋をフランチャイズ展開しており、海外でもブランド力のあるダンキンドーナツ、バスキンロビンス31、シェイクシャックなどを自社ブランドに組み入れて、フランチャイズ展開している。

　その他にも、ビジュンという韓国伝統餅を活かしたカフェはもちろん、洋食やデザート、ワイン事業まで多数のブランドを韓国国内で展開している。

**図表2-2-4　会社概要**

| 会社名 | SPCグループ |
|---|---|
| 代表者 | 代表取締役会長　許英寅 |
| 本社所在地 | 〒06737　ソウル特別市瑞草区南部循環路2620 |
| 創業年月 | 1945年10月28日 |
| 資本金 | 431億ウォン(約43億円)<br>※IPOしているSPC三立のデータ |
| 売上高 | 6兆5000億ウォン(約6400億円)2020年3月 |

| 従業員 | SPC三立：2,819名(2020年12月)<br>パリクロワッサン：5,677名(2020年12月)<br>BRコリア：1,695名(2020年12月)<br>SPL：906名(2020年12月)<br>SPC PACK：190名(2020年12月)<br>㈱Sectanine：245名(2021年2月)<br>SPC GFS：1,265名(2020年12月)<br>合計：12,797名 |
|---|---|
| 関連会社 | 系列社：52社<br>所有ブランド：28ブランド<br>店舗数：6930店舗(国内　6500店、海外　430店) |

出典：SPCグループのホームページから筆者修正

　海外にも積極的に進出しており、2004年9月の中国上海
への進出を皮切りに、現在は米国、ベトナム、シンガポール、
フランス、カナダ、カンボジアなどに計430店舗を運営し
ている。2019年にはシェイクシャックブランドのシンガ
ポールにおける事業運営権を獲得し、現地での影響力を高
めている。その結果、グループの総売上高は4兆8100億
ウォン（2015年）から、6兆5000億ウォン（2019年）まで増
加し、海外法人の売上高も年々増加している。

**図表2-2-5　売上高推移（単位：ウォン）**

| 区分 | 2015 | 2016 | 2017 | 2018 | 2019 |
|---|---|---|---|---|---|
| グループ<br>総売上 | 4兆8100億 | 5兆3000億 | 5兆7000億 | 6兆800億 | 6兆5000億 |
| 海外法人売上 | 3000億 | 3400億 | 3645億 | 3968億 | 4427億 |

出典：SPCグループのホームページから筆者修正

　SPCグループは韓国国内に様々なブランドを展開してい

る。代表的なものとしては、パン屋「パリバゲット」が挙げられる。海外の有名ブランドの韓国国内での立ち上げにも注力しており、ダンキンドーナツやバスキンロビンス、最近ではシェイクシャックといったブランドを手掛けている。SPCグループの各系列会社も食と関連した多種多様なブランドを展開している。

**図表2-2-6　傘下ブランド**

| 区分 | ブランド名 |
|---|---|
| ベーカリー・デザート | パリバゲット、バスキンロビンス、ダンキンドーナツ、三立、パリクロワッサンパッション5、ビジュン、シャニ、ベーカリーファクトリ |
| 外食チェーン | シェイクシャック、エッグスロット、ラグリルリア、ピッグ・イン・ザ・ガーデン、シティーデリ、クィーンズパーク、ベラ、ラトリエール、グリックシュバイン、ストリット、デ・クィーンズ、リナーズ、ハンサンチャリム |
| カフェチェーン | パスクチ、ジャンバジュース、コーヒー・アット・ウォークス、ティトラ |
| 流通・サービス | ハッピーポイント、ザ・ワールドヴァイン |

出典：SPCグループのホームページから筆者修正

　SPCグループの経営活動の基となっているのは「賞美堂精神」である。「賞美堂精神」とは、SPCグループが社内で共有している企業理念であり、1945年に創業した賞美堂という小さなパン屋を始めた時から変わらず、限りない革新を重ねてパンの道を切り開いてきた同社のスピリットを表したものである「パンを数百個作っても顧客はパン1つで評価する、パンは分け合うと飯になるけれど、作る技術を分け合うと夢になる。」という現実的で具体的なニュアンス

もその中には含まれている。

　具体的な企業理念は企業のコアとなる価値を従業員の中で共有しやすくし、企業文化の形成や成長にも大きな影響を及ぼす。SPCグループの賞美堂精神は経営危機が迫った時にも乗り越える力を従業員に与え、現在のSPCグループの土台となったと言っても過言ではないだろう。

**図表2-2-7　　沿革**

| 1945年10月 | 製菓工場「賞美堂」設立 |
|---|---|
| 1964年 | 韓国初のビニルで包装したクリームパン発売 |
| 1966年4月 | 三立産業製パン公司へ社名変更 |
| 1968年6月 | 三立食品工業株式会社へと社名変更駐韓米軍のパン軍納業者へ登録し、米軍部隊に納品 |
| 1971年10月 | 三立ホパン発売 |
| 1972年8月 | 韓国インタナショナル食品(現、シャニ)の設立 |
| 1974年4月 | 湖南工場竣工 |
| 1975年5月 | 企業公開 |
| 1977年10月 | 韓国インタナショナル食品㈱からシャニへ商号変更 |
| 1979年5月 | 清州工場竣工 |
| 1983年10月 | シャニ、業界初の食品技術研究所設立 |
| 1985年04月 | 米国のバスキンロビンス社と技術提携 |
| 1985年06月 | BR KOREA㈱設立 |
| 1986年10月 | ㈱パリクロワッサン設立 |
| 1988年06月 | バスキンロビンス1号店開店パリバゲット1号店開店 |
| 1989年3月 | 大邱工場稼動 |

| | |
|---|---|
| 1992年04月 | 韓仏製菓製パン学院を開院(現、SPCキューリナリー・アカデミック) |
| 1993年10月 | 米国ダンキンドーナツと技術提携契約 |
| 1994年01月 | テイン・シャニグループの発足 |
| 1995年1月 | 三立食品工業(株)から(株)三立G.Fに社名変更 |
| 1997年3月 | (株)三立G.Fから(株)三立食品に商号変更 |
| 1997年5月 | 三立食品が会社整理手続きを実施 |
| 1998年12月 | ダンキンドーナツ1号店開店 |
| 1999年1月 | ISO9001品質システム認証獲得 |
| 1999年2月 | 三立食品の会社整理手続きが終了 |
| 2000年07月 | ハッピーポイントカードが登場 |
| 2002年11月 | パリクロワッサン・コンソーシアムが三立食品を買収 |
| 2003年08月 | 1代目の許昌成氏が逝去 |
| 2004年4月 | 京釜高速鉄道KTX開通記念クリームパン発売 |
| 2005年1月 | 韓国経済新聞主催食品分野消費者大賞受賞 |
| 2006年9月 | HACCPお餅類認証獲得 |
| 2006年12月 | ISO22000(食品安定経営システム)認証獲得 |
| 2007年2月 | HACCPハンバーガー類認証獲得 |
| 2008年11月 | HACCP冷凍めん類認証獲得 |
| 2009年12月 | 遵法経営システム(CMS)認証獲得 |
| 2010年3月 | 高速道路SA運営事業進出 |
| 2011年3月 | (株)シャニーと営業譲受道契約締結 |
| 2012年12月 | 支配会社の従属企業である㈱ミルダウォンを買収 |
| 2013年7月 | グリッグシュバイン(旧アルプス食品)を買収 |
| 2014年7月 | 株式会社三立GFS(現SPC GFS)分割設立 |
| 2016年11月 | ㈱三立食品から㈱SPC三立に商号変更 |

| 2017年12月 | 消費者中心経営(CCM)認証獲得 |
| --- | --- |
| 2019年5月 | プレミアムベーカリーブランド「味覚製パン所」ランチング |
| 2019年6月 | HMRブランド「三立イッツ」ランチング |
| 2019年8月 | クラフトハインズの独占供給契約締結 |

出典：SPCグループのホームページから筆者修正

　現在、同社は製菓・製パンの分野を超えて Home Meal Replacement（ホーム・ミール・リプレイスメント）分野への進出などを通して関連多角化を図り、自社の経営資源を最大限活用しようとしている。

　本研究では、小さなパン屋から韓国最大のパン屋ブランドにまで成長した SPC グループについて 3 つのフェーズで事例分析を行う。

## 3　生成期のフレームワーク分析(1921～1982年)

　SPC グループの母体は韓国のパンの歴史の中で紹介した「賞美堂」である。賞美堂を創業した許昌成（ホ・チャンソン）氏は1921年2月5日に黄海道で生まれた。小学校卒業後、家庭の事情により進学できなかった許昌成氏は、父から「技術を磨いて自立しなさい」という助言を受け、友達の紹介で日本人が経営していたベーカリー店に就職した。その後、3年間の職人生活を経て熟練技術者となり、製品の販路について把握するまでに至った。偶然だったとはいえ、パンの技術を学び続けていたのは、パンに将来性や可能性を感じていたからだとも言える。それは、西洋や日本から来た

「パン」という食文化が当時の現地住民にとってはまだ馴染みのないものであったことからも伺えるだろう。

　黄海道という地域は首都ソウルを囲む京畿道の北に位置し、（当時の）朝鮮半島において小麦粉の生産量が最も多い地域であった。また、独立後は米軍の駐屯地でもあった。つまり、需要地に近く原材料が手に入りやすいパンの生産に適した地域だったのである。許氏の実家では小麦粉の製粉工場を運営していたため、工場の中に製菓工場を作って事業を拡大した。

　しかし、1930年代以降日中戦争や太平洋戦争が勃発すると、朝鮮総督府は経済体制を戦時体制に変え、すべての原料供給を配給制とした。その結果、原材料となる小麦が十分確保できなくなり、1か月に5日しかパンが生産できなくなった。

　経済的に余裕があり、工場の稼働率の低下によって時間的な余裕もできた許昌成氏は、製パンに関して理論的に勉強するため、来日して東京の製菓学校へ入学を予定していた。しかし、渡港証明書の発行ができなかったため、独学で製パンに関する勉強を進めた。

　その後、1942年10月に許昌成氏の人生の同伴者であり、重要な経営パートナーとなる妻の金順一氏と出会うことになる。ソウルに上京して一時的に縫製工場の営業所で働いていた金氏であったが、戦争の激化により、京成（現在のソウル）からの疎開命令が下り、1943年4月に疎開先の黄海道最大の都市「海州市」でミシンの修理屋を開いた。金順一氏について許昌成氏は次のように語った。

| 図表2-2-8 | ソウルにオープンする賞美堂 |
| --- | --- |

出典：Illustration by 박영사

　「妻は難題にぶち当たる度に自ら動いた。問題が生じれ
ば、明晰な判断力で糸口を見つけ、生まれつきの性質や膨
大な知識は、経営哲学に劣らぬほど厳正で、偏見や先入観
を先立たせることがなかった。妻のこのような面は、職員
の人事や取引先との約款設定、購買契約や資材選定、そし
て予算の執行など、あらゆる経営分野でその能力が顕著に
現れた。」

　ここからも、許昌成氏にとって金順一氏が重要な存在で
あり、自分の短所をカバーしてくれる「経営パートナー」
であると認識していたことが分かるだろう。

　植民地支配から独立した 1945 年 8 月 15 日、許昌成氏は
家族と一緒に故郷に帰省し、自身の夢であったベーカリー
店「賞美堂」を開いた。黄海道には米軍の駐屯地が設置され、
パン作りに必要な砂糖、バターなどが市場に出回っていた。

近くの農村からは飴が納品され、米軍からの砂糖と混ぜてパンやお菓子、キャンディーなどを作っていた。それらは過去、日本人が運営していたベーカリー店の流通網をそのまま利用して黄海道内の市場に供給された。その際に家族内で役割分担がなされ、祖父は資材・原料の購買を、妻は事務を、許昌成氏は技術を担当した。

図表2-2-9　生成期のフレームワーク

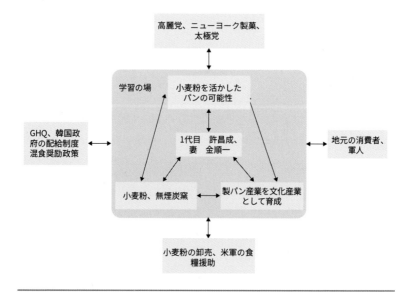

出典：筆者制作

　1948年5月、許昌成氏は会社を発展させるためには大量の消費があり、原材料の仕入れなどで有利になるより大きな市場が必要だと感じ、ソウルの乙支路の芳山（バンサン）市場の近くに会社を移転させた。しかし、当時のソウルに

は10か所以上のベーカリー店があり競争が激しかったため、粗利率が芳しくなかった。お店ごとに味に大きな違いがなかったため、コストカットによって価格競争力をつける他なかった。許昌成氏は、人件費を減らしてしまうとパンの質に影響が出るため、価格の中で一番大きな比重を占める原料費を減らすために様々な方法を試みた。その中で、中国人が使う窯からアイディアを得て、粉練炭を用いた無練炭窯を作り出した。この方法を用いることにより、競合他社が使う白炭の1/10の量で生地を焼けるようになり、生産原価を大幅に削ることが出来た。無練炭窯の開発によって、品質の高いパンを安い価格で供給することができるようになったため、ソウル市内の小売店で賞美党のブランド力が右肩上がりで上がっていった。

　また、ソウル各地に賞美党の無練炭窯を採用したベーカリー店が次々と登場した。この流れを生み出したのは、賞美党で技術を学び独立した従業員たちであった。彼らは賞美党の名前でパンを販売したため、実質的に賞美党ブランドの宣伝役となった。

　伊部（2009）が指摘する地域企業によるブランド構築の第1段階として挙げられているのが、セグメンテーション、ターゲティング、ポジショニングである。ターゲティングを「ソウル市場」に設定し、セグメンテーションを「より品質の高いパンを求める顧客」としたことが後の賞美党のブランド構築につながる。また、無練炭窯の開発とその技術を普及させる仕組みには、金井（2006）が企業家活動の要件として挙げたうちの事業コンセプトの創造力が認められる。

出典：筆者撮影

　国領（1999）によると、「だれにどんな価値を提供するか、そのために経営資源をどのように組み合わせ、またどのように調達し、パートナーや顧客とのコミュニケーションをどのように行い、いかなる流通経路と価格体系のもとで届けるか」を定義づけるものがビジネスモデルであるとされていたが、ソウル市場に賞美党の名をかけたベーカリー店を普及させ、無練炭窯により価格競争力のある値段でパンを提供できるようにしたことは、まさにビジネスモデルの設計である。

　そして、そのビジネスモデルはBarney（2003）のVRIOモデルでいう外部環境に適応した経済価値（Value）、他にはない一貫した流通システムという希少性（Rarity）、模倣困難性（Imitability）、組織（Organization）という条件を満

たしており、賞美堂にとってコアコンピタンスになっていると考えられる。

　このうち無練炭窯の開発と技術者への普及は、他に例を見ない独自の資源展開であり、イノベーションであった。また、家族を中心に構成された経営チームの形成はファミリー企業としての中核資源を活かしたもので、ミラー（2005）の4つのC、同族コミュニティ（Community）がその強固なコネクション（Connection）を活かし、強い指揮権（Command）を基に構築したビジネスモデルを機能させていったのである。なお、家族経営によって経営リスクを抑えることが可能となった。それらが、ビジネスモデルの収益性を高め、パン事業の継続性（Continuity）を担保することにつながったのである。同時に、これらの同族コミュニティはビジネスモデルにおいて、仕入れ、事務、技術というポイントを担うことで、運命共同体として互いに信用、信頼関係を構築しながら組織の枠を超えた「経営チーム」として機能していたものと考えられる。

　しかし、1950年6月に勃発した朝鮮戦争により今まで積み上げてきたすべてが壊された。3年間の避難生活を終え、廃墟になったソウルの元工場に戻り、再度無練炭窯を設置して、賞美党が企業的な仕組みを取れるようになったのは、1959年に龍山にビスケット工場を建設し、三立製菓公司（ここからは賞美党と三立を混用して使う）を設立したからである。

出典：Illustration by Joon Moon M.D.

　製パン事業の特徴の１つは、商品の衛生管理が重要であり、品質管理が何よりも優先されるという点である。その一方で、１つ１つ品質にこだわり過ぎると利益を生み出すことは出来ない。よって、大量生産をするだけではなく、それと同時並行で厳格な品質管理が行わなければならない。また、それを消費する市場の開拓も同時に進める必要がある。

　許昌成氏が三立製菓公司を設立した理由も上述した理由からである。1961年に三立産業製菓公司に社名を変更し、1963年に新大方洞に800坪規模の工場を建設した。その後、近くの2500坪を購入して工場を拡大し、1967年には加里峰洞に13,000坪の工場を竣工し、従業員数も3,500人まで増加した。また、会社の規模が大きくなったため、総務、人事、経理、営業、管理などを網羅する体系的な組織体制へと移行した。許昌成氏は生産工場を中心に「検査と管理」

を重視し、製造コストの削減に力を入れた。

　また、増えた生産量に対応するためにも販路の拡充が必要であった。消費者が三立の製品を望み、問屋や小売店から注文をもらえるようになるためには、営業担当者が直接訪問するしかなかった。営業担当者は市場の入口や流動人口が多い場所に臨時の売場を設置しチラシを配るなど、広告活動に専念した。また、パンの中には「ありがとうございます。もし、品質に不満がありましたら、いつでも補償いたします。」という案内文を入れることで、消費者保護と同時に品質保証への自信を見せた。

　三立の成長には企業の努力もあるが、マクロ環境の影響も考慮に入れる必要がある。代表的なものとしては、1962年の第1次経済開発5ヵ年計画に基づいて実施された混食奨励運動が挙げられる。米の生産量が不足していた韓国政府は、米国からの食糧援助を受け大量に小麦粉を手に入れたが、韓国国民にとって小麦粉は主食ではなかった。このような認識を打破し食料安定化を実現させるため、韓国政府は混食奨励政策を実施した。具体的には、製パン業を食料の代替事業として認め、生産性の向上と施設の改良及び拡充を支援した。金（2002、2003）が指摘するとおり、企業を取り巻く外部の諸制度の変化は企業のマネジメントに大きな影響を与えることがあるが、このような政策は三立にとってビジネス拡大のチャンスとなったと言えるだろう。

　また、許昌成氏は「製パン事業は文化事業である」[1]という表現を使った。このような認識は、1964年の東京オリンピックに観光参観団として訪問した際に生まれたものである。「パン作りの水準」は「文明の水準」に比例すると感じ

たため、パン作りの先進化を通じて国家の発展に寄与しようと判断したのだろう。日本の製パン工場の視察は彼にとって、現地の技術を学び、自国のパンの生産に自動化などを取り入れるきっかけとなった。また、その際に在日韓国人の工場長をスカウトし、新商品の開発と製パン施設の改善にも力を入れた。その結果、韓国では初となるビニール包装のクリームパンが誕生した。クリームパンは現在でも同社を代表するヒット商品の1つである。つまり、三立はこの時期に、自動化による大量生産とビニール包装による衛生管理を可能にし、ヒット商品を作り上げることに成功したのである。

　その後、許昌成氏は1966年4月に社名を三立産業製パン公司へと変更し、続く1968年6月に三立食品工業株式会社を設立し代表取締役社長に就任した。この頃からは米軍への納品も始まり、名実ともにソウルという「地域」の枠に留まらない、韓国最大の製パン企業にまで発展を遂げた。

　無練炭窯の開発と普及、ソウルという大きな販売市場やそこで仕入れられる原材料、自動化設備の導入とビニール包装製品の発売、そして家族を中心とした安定的な経営チームの構成は、賞美党と三立のブランドを認知させる、競合他社では真似できない競争力となっていた。顧客との信頼の積み重ねによって、Aaker（1994）の言うブランド・ロイヤルティを確立していったのだと考えられる。

　1960年代に入って、経済開発政策により国民所得が増加し、消費者の高級化志向が強まったため、製パン・製菓業界は多品種高級化戦略を取るようになった。特に、ベーカリー中心の太極党、高麗党、ニューヨーク製菓などが事業

拡大を図った。また、工場式の製パン分野の後発企業で
あったソウル食品、韓国コンチネンタル食品、キリンなどの
追撃が激しくなった。このような新規参入業者や後発企業
との競争から生き残るために、許昌成氏は新事業分野にも
積極的に進出した。

　まず、1972年8月にケーキ等の高級製品を生産・販売す
る韓国インタナショナル食品株式会社（現、シャニの前身）
を設立した。その後、高級品路線の新規参入企業がソウル
の都心部にしか製品を提供出来ていないことに気づいた許
氏は、全国に流通網を構築することにした。1972年9月に
は、ソウル内の各事務所に倉庫機能を付与して配達員と営
業担当者を配置し、地方でも代理店と契約を結ぶなどして
販売網を拡大した。また、地方に生産拠点を築くため、馬
山（マサン）への氷菓工場の設立（1974年）、三立製麺工
業株式会社の合併（1975年）、釜山の食品会社「サンミ食
品」の引き受け（1977年）、ハンソ製菓の引き受け（1985年）
などを行った他、㈱湖南シャニという別の法人を設立し工
場を増築した。また、1988年に廃業した韓国コンチネンタ
ル食品の代理店を多数引き受け、自社の流通網をさらに強
化した。このような拡大戦略により代理店数は20か所から
60か所まで伸び、生産量も約5倍以上増加して、首都圏か
ら釜山地域までカバーした全国的なブランドとして認識さ
れるようになった。

　シャニはイメージメイキングにも積極的で、「水準が高い
消費者に水準が高い商品を！消費者の夢と消費者の健康、
そして消費者の繁栄を！」というキャッチフレーズをもと
に、他社製品とは差別化された自社製品の高級感を消費者

にアピールするため様々な販売促進活動も行った。

　他方、三立食品は既に全国に大型代理店体制を構築し、新製品開発も積極的に行っていた。1971年には軍浦乳脂工場を竣工し、マーガリン、ショートニングなどの製パンとは異なる分野の製品の生産を開始し、その後も氷菓類工場（1976年）、乳酸菌飲料、アイスクリーム工場（1978年）を竣工したりした。また、この時期には三立食品のベストセラーで、現在も愛されているホパン（1971年）とボルムダル（満月、1976）というパンを開発・販売するなど、事業拡大だけでなく、新製品開発にも全社的な力を注いでいた。

## 4　形成期のフレームワーク分析(1983～2003年)

図表2-2-12　形成期のフレームワーク

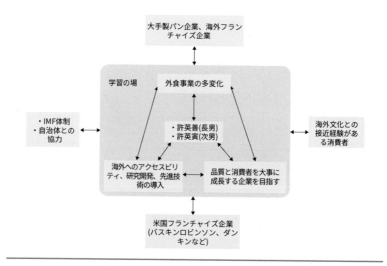

出典：筆者制作

シャニの創業は、三立食品にとって「第2の創業」とも言われている。1980年代から韓国ではグローバル化が進み、ソウルアセアンゲーム（1986年）、ソウル五輪（1988年）、海外旅行の自由化（1989年）など、経済成長とともに海外への門戸を開く時期でもあった。このような海外との交流の活発化は海外の先進文化を経験した消費者の増加に直結した。特に、1979年に日本のロッテリアが韓国に進出した後、外国発のフランチャイズ企業が続々と韓国に進出し、西洋の食文化が韓国社会に広く浸透した。西洋の食文化を代表する主食の「パン」はそのあおりを受け、大きな転換点を迎えることとなった。

　このような社会的変化の中、許昌成氏は1977年に長男の許英善（ホ・ヨンソン）氏に親会社である三立食品を、1983年には次男の許英寅（ホ・ヨンイン、現SPCグループの会長）氏にシャニを引き継がせ、2社を軸としたグループの運営に舵を切った。

　まず、許英善氏は、海外を経験した消費者が増えたことで、ウィンドウベーカリーが急増し、食文化の多様化も進むと考えた。そこで、三立食品は生産ラインの全工程を自動化した大邱工場を竣工（1989年）し、麺関連事業への進出（1990年）などを通じて食品関連事業の多角化を進めた。しかし、「パン工場」のイメージが強かったこともあって、新しく立ち上げた食品事業の売上は芳しくなかった。そこで、三立食品は製パン事業を営む傍ら、食品事業とは異なる新たな市場の開拓に着手した。グループ会社の三立開発を通じて建築業及びリゾート運営業に進出した他、三立油脂、三立テコ、三立ハイラリゾート、サンブ製菓、ソンイ

ル化学などの企業を運営し、その他にも外食事業や有線放送も手掛けた。これらの動きは、金（2002、2003）が指摘するように、企業を取り巻く外部の経営環境の変化が企業のマネジメントにどのような影響を与えるのかという視点から理解することが重要である。三立食品を継いだ許英善氏にとって、海外への門戸が開かれたという時代背景は、「製パン企業という従来の枠にとらわれない新しい企業作りを通じてさらなる成長を遂げよう」という方向に企業家の目を向けさせる要因になったと考えることができるだろう。

　「製パン企業」という企業ドメイン（大滝・山田、2006）から大きく踏み出すことを決断していくなかで、伊丹他（2000）および青島（2003）の言う事業コンセプトや事業の顧客価値について新たな仮説構築を求められたのだと考えられる。


図表2-2-13　　　SPC始華工場

出典：筆者撮影

これらの活動すべての根底にあるのは、企業の運営と存続、そして新たな活路への探索であると理解できる。その危機感が元となって、新規事業に関するコンセプトや顧客価値が検討され、上述した関連・非関連多角化を進めるなどの企業を存続させるための大変な苦労が積み重ねられていったのである。

　多角化がうまく進めば、各事業分野間のシナジー効果を出すことが期待できたものの、1997年のアジア通貨危機を受けて三立開発と三立ハイラリゾートが不渡りを出し、会社整理手続きに突入した。その後、1999年に会社整理手続きを終え、新しく発表したクッチニパンが大ヒットとなり一時的に売上が戻ったが、過去の栄光に戻ることはできなかった。

　一方、次男の許英寅氏は三立食品とは異なる道を選んだ。1969年8月に三立に入社した許英寅氏は現場中心の経営を重要視した人物であり、その性質については許昌成氏の自叙伝にも載っている。

　1968年、当時大学生だった許英寅氏は父親である許昌成氏に車を一台買ってほしいと懇願した。許英寅氏は普段このような頼み事をすることのない次男であったが、後ほど車を買ってほしいと言った理由について説明するという約束を結び、車を買ってもらった。許英寅氏はその車で全国を回り、製菓製パン業界の関連書類と資料、代理店の現況やアンケート調査内容など、当時の許昌成氏に必要な資料を収集し分析して渡したという。

| 図表2-2-14 | シャニの競争優位 |

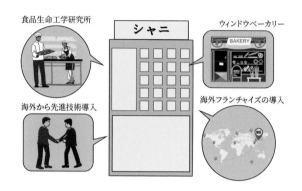

出典：Illustration by 박영사

　許英寅氏は1981年1月に三立食品の取締役に就任したが、同年8月には取締役を辞任し、米国の有名な製パン学校であるAIB（American Institute of Baking）に留学した。そこでは製パンについて学び、米国の製パン業界の動向を研究した。米国での1年半の生活は外国の技術を積極的に取り入れ、先進国の製パントレンドを把握するまたとない時間になった。

　韓国に戻り、1983年3月にシャニの代表取締役社長に就任した許英寅氏は長男の許英善氏とは違う道を歩み始めた。1983年末時点で、三立食品の売上額が774億ウォン（約75億円）、シャニの売上額が300億ウォン（約29億円）だったのに対し、1997年にはシャニが1697億ウォンの売上高を計上し、同年1494億ウォンの売上高を記録した三立食品を超えて業界1位となった。

　この2社の売上高に差異が生まれた要因としては、得意分野への「選択と集中」とその後の経営改革が挙げられる。

シャニは三立食品とは違い、「実績第一主義」、「収益性の向上と品質向上」、そして「新たな開発とチャレンジ」という3大経営方針を就任初年度の実践目標として掲げた。この経営方針は三立食品の経営方針をより洗練・強化していく意図で定められたと考えられ、Christensen（1997）の持続的イノベーションであると理解できる。

　その後、本当の改革、つまり Christensen（1997）のいう既存の価値を破壊するような破壊的イノベーションを進めた。そもそも、パンカジュ・ゲマワット（2002）が指摘するように組織の安定期と変革期は明確に区別できるものではなく、企業家の認識次第で変わりうる。既存の経営慣習がうまく機能しなくなる戦略的分岐点がいつであるかを認識し、行動に移すことが企業家には求められる。その認識を行動に移したのが許英寅氏であった。許氏は孤立無援、四面楚歌のなかで、徹底した合理化を進めた。主なものとしては次の4つが挙げられる。

| 図表2-2-15 | SPC食品技術研究所(ソウル大学内) |

出典：筆者撮影

第一に、食品技術研究所の設立（1984年）である。上述したように1980年代からは海外旅行の自由化と世界的なイベントの開催などにより、外食文化の多様化と消費者のニーズが劇的に変化する時期であった。この変化に対応するために既にシャニという会社を設立していたが、変化への備えとしては充分とは言えなかった。

　許英寅氏は研究開発機能の強化が必要であるという認識を持ち、当時の韓国政府の技術研究所設立誘導施策を使い、研究所長を中心に基礎研究チーム、開発1チーム、開発2チーム、特殊商品チームからなる研究所を立ち上げた。

　首都圏という立地条件もあって海外との交流が活発になり、1985年1月には日本人の技術顧問の指導の下で研修を実施し、11月には米国の製パン学校の技術者を招聘し、様々な実験を行った。他にも、海外の先進技術を積極的に導入し、1984年のソレダップ（Soredab）社との技術提携を皮切りに、米国のバスキンロビンス（1985年）、英国のライオンズ社（1987年）などから最新のケーキ製造方法やアイスクリーム、流通技術を学び取り入れた。特に、1992年にはドイツのスンディ（Sundi）社との技術導入契約により、果物飲料と乳製品、ヨーグルトとベーカリーの果物添加物生産を行い、国内のジャム製造技術に大きな変革をもたらした。

出典：筆者撮影

　変化する国内市場に対応するためには外国との技術提携を通じた先進技術・装備の導入が効果的だと判断し、積極的に変化を受け入れたことが、シャニの製品の多様化・高級化に繋がったと言えるだろう。

　合理化のために次に取り組んだのは、生産設備の自動化である。従来の生産設備の場合、多くの工程に人手が必要となる労働集約的な作業が必要であった。特にパン生地の2次発酵は必ず人手が10名以上必要であり、この工程を自動化するためには莫大な投資が必要であった。そのため、当時の製パン業界で自動化しているところはなかった。

　シャニは技術研究所を中心に自動化プロジェクトを発足し、6か月に渡る研究によって1人で工程を担えるような生産ラインを開発した。生産ラインの自動化は韓国では初となるレンハム（Lanham）システムの導入にもつながった。このシステムは、特殊な保温材料を使って全工程を自動化したもので、これによって均一で高品質な食パンの生産が可能となった。

| 図表2-2-17 | パリクロワッサン |
| --- | --- |

出典：筆者撮影

　第三に、パリクロワッサンのウィンドウベーカリー事業
への参入である。ウィンドウベーカリーの将来性を見込ん
だシャニは、1973 年に「シャニの家」をソウル明洞に開店し、
1984 年には「フレシナ」ブランドを立ち上げた。両ブラン
ドは工場から生産したパンや冷凍パンを売場で再製造し提
供する仕組みで、工場パンとウィンドウベーカリーの中間
に位置した。しかし、フレシナ以上の高級化が必要だと判
断した許英寅氏は 1986 年 3 月にパリクロワッサンという新
たなブランドを立ち上げ、ソウルを中心に店舗を展開した。
また、同年 10 月に別途法人として㈱パリクロワッサンを設
立し、1987 年 3 月にはシャニの中に外食事業部を設置した。
1986 年 6 月には直営店を中心とするパリクロワッサンとは
違う、フランチャイズ方式のパリベゲットがソウルの光化
門に開店した。
　パリクロワッサンはフランス風のベーカリーでクロワッ
サン、フランスパンなどを基本としてサンドイッチ、マー
フィン、アイスクリーム、コーヒーなどを製造・販売し、
消費者に常に新鮮でおいしい製品を提供した。

パリクロワッサンは 1997 年には業界 1 位となった。その背景には、パンの品質の高さと革新的なマーケティング、顧客満足中心の差別化された戦略があった。冷凍生地を利用した Bake-off System を製パン業界で初めて導入し、パンをより新鮮な状態で消費者に提供できるようにした。次に、店舗のコンセプトを「テイクアウト型ベーカリー」から「カフェ風ベーカリー」へと切り替えた。また、業界で初めて導入した会員カードの運営を通じて顧客の情報を管理するデータベースマーケティングシステムを構築し、これをハッピーポイントカードに発展・運営させることで顧客統合管理の基盤を構築した。そして、加盟店主とのコミュニケーションと満足度を上げるため新製品説明会とマーケティングカレンダーの共有を頻繁に行った。

　第四に、外国のフランチャイズの導入である。これは、許英寅氏が米国に留学していた際に同国のデザート文化に精通していたことが大きい。最初に、米国のバスキンロビンスと手を組んで合作会社である BR Korea を設立した。高級アイスクリーム市場は韓国では未開拓の市場であったが、許氏は国民所得が増加し、海外を経験した消費者が増加していることを踏まえると、潜在的な成長力が十分にあると見込んでいた。BR Korea は 1986 年に明洞と鐘路に直営店を開店した。その後、事業拡大のペースに生産が追い付かなくなったため、1993 年に忠清北道陰城郡に工場を新築した。

出典：筆者撮影

　また、1984年に韓国市場に進出していたもののロイヤルティの問題で一時撤退したダンキンドーナツと技術提携を結び、1994年からドーナツ事業を始めた。

　しかし、その後アジア通貨危機によって、フランチャイズ事業の経営が危機的な状態に追い込まれた。この危機を乗り越えるため、許英寅氏はソウルの明洞に大型店舗を開店し明洞の象徴とすることによって、失職後の創業を考えている多くの人にダンキンドーナツの可能性を知らしめた。

　以上のような経営革新と事業展開が可能になったのは、三立食品の非関連多角化が思ったような成果を挙げられず、それが反面教師になっていたからだと思われる。この時期、本業である製パン業にとって決して望ましい経営環境ではなかった。しかし、だからこそ新しい事業を求め、視野を大きく広げようという意識が生まれたのだと考えられる。結果的に、長男の新規事業への進出は失敗に終わったものの、その経験が後に本業である製パン業に資源を集中的に

投入するという許氏の経営判断に繋がったことを考えると、失敗すら経営者にとっては重要な学習機会であることが分かるだろう。つまり、新規事業への進出は、Davila（2006）のいう失敗の価値を有していたのである。企業が成長あるいは環境の変化に対応するためには、一定のリスクを許容し、失敗から学習していく組織設計を浸透させていくことが重要になる。その後の許英寅氏の事業展開を考えれば、失敗から学ぶことができる企業家あるいは組織、システムとしての「柔軟さ」も重要な資源の 1 つであると言えるだろう。

5

## 成長期のフレームワーク分析(2003年〜現在)

　成長期のフレームワークは下記のとおりである。企業家チームは許英寅氏と長男の許ジンス氏、次男の許ヒス氏で構成される。その他にもグループの系列会社ごとに専門経営者を招いているが、グループ全体の運営は許氏一族を中心に行われている。

　SPC グループに見られるこのような経営スタイルは、韓国の家族企業では一般的によく見られるものである。先行研究で説明したように、韓国財閥の成長の歴史は多角化と企業グループ化の歴史であるが、特に非関連多角化によって企業規模が急速に拡大したため、社外から専門経営者を確保することが大きな課題となっていた。

　三立食品のケースでは、2 代目の許英善氏が事業拡大を図るために関連・非関連多角化を押し進めたが、あまり良い成果が得られず、最終的には会社整理手続きに入ってし

まった。その背景としては、当時の政治・経済環境の影響も無視できないだろう。しかし、それよりもむしろ、その主な原因となったのは組織の規模が急速に拡大する一方で、経営チーム内部のネットワークの構築が充分に行われなかったことにあるのではないかと考えられる。

図表2-2-19　2人の息子に引き継がれたSPC

出典：Illustration by 박영사

　会社整理手続きを終えた後も2002年に次男の許英寅氏が経営するシャニに事業が引き継がれるまで経営が苦しい状況は変わらなかった。しかし、シャニが事業を引き継いだ後、売上は2003年/2004年にそれぞれ前年比で10%、8.2%伸び、営業利益も毎年2倍以上のペースで成長した。経常利益は2003年に43億ウォン（約4.1億円）を稼ぎ出して黒字化し、2004年には48億ウォン（約4.6億円）を記録した。当時、市場占有率1位であった「食パン」と「ホパン」の売上が増加し、思い出のパンシリーズ等の新製品を次々に

開発しヒットさせたのが三立食品の復活のきっかけとなった。

出典：筆者撮影

　その背景には許英寅氏の果敢な経営革新があった。まず、CI戦略の一環として、2004年にグループの名前をSPCに決めた。「SPC」という社名は、三立（Samlip）とシャニ（Shany）のS、パリクロワッサン（Paris Croissant）とパリバゲット（Paris Baquette）のP、BR Koreaと系列会社のCompaniesのCを指したもので、「S」uperb company with「P」assionate &「C」reative people、つまり情熱的で創意的な人たちが作っていく企業であることを表現したものであった。

　続いて、資金難で滞っていた設備投資と工程の自動化に着手し、生産性を向上させた。次に、2004年6月からクリーンキャンペーン（衛生及び品質管理改善キャンペーン）を実施し、その結果、消費者からの不満を半減させた。

　また、利益が出ない一部外食部門を整理し、原価低減のた

めに ERP（Enterprise Resources Planning、企業資源計画）システムを導入した。それにより、生産ロスを 50%以上削減し、原材料の保有量も 30%以上縮小させることに成功した。

　適切な専門経営者を経営チームに配置出来たことも SPC の業績が急回復した大きな要因の 1 つである。先行研究で言及したように、韓国の多くのファミリー企業、特に、企業規模が一定以上となった場合、経営チームは家族経営者やその一族だけでなく、棒給経営者を含めて組織される傾向にある。家族による閉鎖的な企業経営は外部の棒給経営者にとって魅力的ではないように映り、その維持・獲得が難しい場合も多いが、彼らを経営チームに参画させることは、ファミリー企業が更なる成長を遂げるためにも、また事業継承問題を解決する切り口を見つけ出すためにも重要である。

　Useem（1986）は、各々の取引企業や業種といった狭い利害関係を越えた、実業界とのより広範かつ長期的なビジョンを持つ「インナー・サークル」という主体間の関係構築の重要性について指摘しているが、ファミリー企業においては閉鎖性を打破していくためにも、外部の専門経営者を含めた組織内外の人材が集結した経営チームで、事業展開や継承の問題について相談や議論をして、知識や情報を共有する仕組みを構築する必要がある。

　現在、SPC グループは許英寅氏の長男である許ジンス氏と次男の許ヒス氏への事業継承に向けて経営権の委譲を進めているが、彼らの意思決定をサポートするために、社内外から有能な人材を専門経営者として経営チームに参加させている。特に、許ジンス氏は許英寅氏が通った米国の AIB を修了し、SPC グループの戦略企画室と研究開発、グ

ローバル事業などを包括的に管理し、次世代の活路を見出すために様々な経営活動に参加している。

　許氏のような外部経験、特に国際的な経験が必要とされているのは、寺本（1993）の言うような「情報の認知のあり方の変化」が求められていることの何よりの証拠であろう。許英寅氏と許ジンス氏は自ら海外に身を置くことで、製パン業界あるいは日本の思考枠組みを超えた発想、コンセプトを生み出す土台を築くと同時に、歴史の持つ意味、伝統のなかに普遍性を見出すことの重要性を認識し得たのだとも見ることができるだろう。ファミリー企業の後継者を育成する条件として、鄭（1999）は企業外での経験の重要性を指摘しているが、二人の海外経験はこの条件に合致している。

図表2-2-21　成長期のフレームワーク

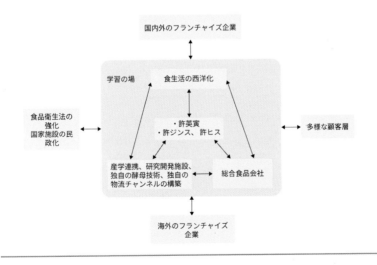

出典：筆者制作

この経験はその後の SPC の新たな事業展開につながる発想、つまり金井（2002）の言う事業機会の認識につながる素地を形成したとも考えられる。海外ブランドを国内でフランチャイズ事業化するという発想も、留学経験から生まれたと考えられる。製パン企業の経営者一族に生まれ、将来的に事業を継承するかもしれないという立場で、海外の商品やビジネスモデルに触れたからこそ、それまで企業内になかった認識の仕方が生まれたのである。また、そうした発想がビジネスとして結実したのは、許英寅氏が製造現場をはじめ、海外を含めた販売、マーケティングに直接に関わっており、国内への広範なビジネス展開が実際的に視野に入りやすかったからこそ可能だったと考えることができるだろう。

　許英寅氏は、許ジンス氏と許ヒス氏に事業を承継することを重視している。先代経営者の指揮のもと、許ジンス氏は 2015 年に副社長を、許ヒス氏は 2016 年に SPC グループマーケティング戦略室長を務めている。この経験は、現場で経営を実践し、先代からそのフィードバックを得られる恰好の「学習の機会」になったと言えるだろう。

　オーナー家の後継ぎであれば、他の社員から表面上それなりの敬意をもって接してもらえるが、だからこそ、彼らは独善的にならず、多くの先輩社員の知恵を活かしていくために、常に自分の意見をぶつけることを心がけてきている。

| 図表2-2-22 | 2017年度SPCグループの売上構成 |

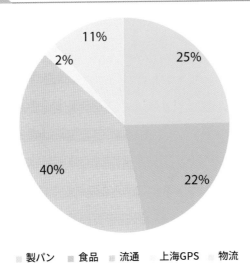

出典：SPC三立から筆者修正

　これは金井（2006）が指摘しているように、経営におい
て不可欠なコミュニケーションであり、企業家に必要とさ
れる対話力でもある。彼らの言動からは、自分から意見を
もらう努力をすることで、経営チームとしての力を活かし、
最終的な決断の責任は自らが負うのだというリーダーとし
ての覚悟が感じられる。
　また、金井（1987）はトップが現状に対して素朴な疑問
を感じ、それをもとに新たなビジョンを創造する必要があ
ると指摘している。そのビジョンをもとに対話、調査、実
験を行い、反対や抵抗をまとめることで、ビジョンの意味
が共有され、コミットメントが高まり、新たな事業アイデ
アが創出され、イノベーションにつながるという。許英寅

氏と息子による経営チームとの関係作りは、まさにこうし
たプロセスを踏んでいるのであろう。

　SPCグループの経営理念である「賞美堂精神」は、時代
の変化に合わせて柔軟に変化し続けている。現在は「幸せ
な生き方のための最善の道」を指し示してくれる普遍的価
値を持った先人の知恵を大切にしながら、常に将来を見据
えて新しいことにチャレンジし続けるという強い意志が込
められた「GREAT FOOD COMPANY」を目指して、日々
企業活動が行われている。

図表2-2-23　　　SPCグループ傘下のブランド

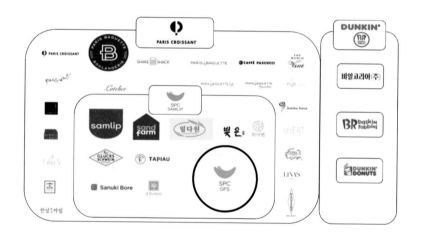

出典：SPCホームページから筆者修正

　その理念のもとに許英寅氏が着目したのが、「食関連技術
をもとにつくられる様々な食事業」という事業コンセプト
である。先行研究でも見てきたように、企業家は自社が変
革期にあると認識した場合、変革を実現させていくための

ビジョンを明確にする必要がある。許氏はSPCグループを取り巻く環境が変化し変革が必要であると判断したため、上記のビジョンのもとに変革に着手したのである。具体的には、食品技術研究所やソウル大学との産学連携などで長年培ってきた製パン関連技術や、食の関連技術が持つ意味・価値を深堀し、既に所有している組織能力を組み換えることによって、強みを活かそうとしている。

実際に2017年度のSPCグループの売上構成を見ると、製パン分野は全体の1/4を占め、残りの3/4は食と関連した分野である食品、GFS（流通・物流）が占めている。主力の製パン事業分野では持続的イノベーションと事業拡大を行っているが、その他の食関連事業としては海外ブランドの国内フランチャイズ事業を始め、餅（ビジュン、2006年）、高速道路SA運営事業（2010年）、グリックシュバイン（肉加工、2013年）、SPC GFS（流通・物流、2014年）、シェイクシャック（2016年）など、同じ食のカテゴリーには入っているが、製パンとは異なる分野への進出を図った。

また、海外進出も積極的に行っている。2004年から進出を始めた中国では、現在300か所で店舗が運営されている他、SPC天津工場の竣工（2019年）などによって中国市場での現地化を進めている。米国にも2002年から進出しており、現在はカリフォルニアとニューヨークを中心に72店舗を運営している。そして、2014年には韓国としては初となるパンの本場であるフランス・パリへの進出を果たし、現在は2店舗を運営している。他にも東南アジアにも進出しており、現在は計7か国、約430か所で店舗を運営している。

この事業コンセプトの実践においては、「最高の品質と顧

客中心、創意的なチャレンジで世界を幸せにする」という社是が企業ドメインとして機能し、事業コンセプトを貫く重要な軸となっている。「食事業」に分類される海外ブランドのフランチャイズ事業、肉加工品、餅、食材の流通・物流事業などを通じて、他社とは異なるSPCならではの企業価値を消費者に提案する、それこそが「賞美堂精神」であり、その後のSPCブランドの展開に繋がる伏線となるのである。

つまり、上記の事業コンセプトは伊部（2009）が企業のブランド構築の第1段階として挙げる、セグメンテーション、ターゲティング、ポジショニングのすべてを定義づける枠組みとなっているのである。

ただし、これらの事業展開はすべて意図的に計画されていたわけではなく、組織内外とのコミュニケーションを通じて学習した情報に基づいて事業機会を認識する素地が作られていたこと、地域のコア資源と事業コンセプトが創造的に結合することによって生み出されたものであることに留意する必要がある。

パリクロワッサンの展開は、もともとソウル市とフランス・パリ市の姉妹都市提携（1991年）から始まったものであった。SPCグループがソウルという地に根付いていたことで、ソウルとパリの交流によって築かれた関係性が社会関係資本として企業の武器として機能し、ふとしたきっかけから事業機会を認識することに繋がったのである。これは、「パン」という文化事業を通じてヨーロッパの文化を韓国に導入したいという創業者の思いが事業として結実したのだとも理解できる。金井（1987）が指摘しているように、企業においては、企業家自身が組織変革の担い手としてリー

ダーシップを発揮する必要がある。また、不明確な戦略的分岐点（パンカジュ・ゲマワット、2002）がいつであるかを認識し、行動に移すことが求められる。また、変革にはビジョンを明確化することが必要であり、そのビジョンに革新性があれば組織構成員の達成意欲が高まり、そのビジョンの背景にある価値観の受容を伴ったダブルループ学習が促進される（金井、1987）。こうした企業家に必要とされる要件が機能した代表的な事例が「パリグラサン」であったと言えるだろう。

| 図表2-2-24 | SPCの海外進出状況 |

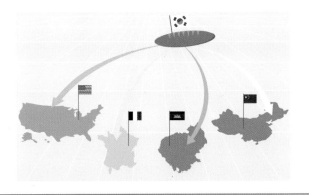

出典：Illustration by 박영사

　近年の製パン市場は食生活の西洋化が進んだことにより、各製パン企業が軒並み注力する市場となっている。また、海外ブランドも韓国に進出しており、国内の各企業は厳しい経営環境に置かれている。おいしいパンさえ造れば良いという時代ではなくなり、技術進歩が著しい中で、いかに差別化するべきかを考えざるを得ない状況にある。その点について、

SPC が導き出した答えはやはり「マーケティング力」である。

　例えば、上述した会員カードであるハッピーポイントカードは、オフライン顧客（店舗会員）とオンライン顧客（ホームページ）の情報を一元管理することができる統合DMシステム「Mister システム」として機能している。これにより、セグメンテーションプロモーションを通じて顧客満足度を高め、効率的なマーケティングを行えるようになった。また、このシステムによって、加盟店には店舗利用顧客別の使用現況などの資料が提供されるだけでなく、店舗別、地域別の市場の状況にあったプロモーション活動を支援する情報が提供され、顧客ロイヤルティの増大につながった。

　また、熾烈な競争環境の中で、店舗当たり売上額を伸ばすために進めた戦略として、トップブランド間のコラボレーションを通じた戦略的提携を結んだ。SK テレコム、SPC グループ、サムソン火災保険との戦略的提携を通じて、SK テレコムの顧客には割引が、SPC グループには新規顧客との接点がもたらされた。

　賞美堂の創業から約75年が過ぎ、現在は韓国製菓製パン業界のトップ企業として、製菓・製パンについては垂直統合を、食に関連しては関連多角化を行うことで、韓国食文化の先端を歩んでいる SPC グループは、ソウルだけではなく、韓国にとっては無くてはならない重要な企業になっている。SPC グループが基本に忠実であり、変化を追求し情熱的にチャレンジするイノベーション精神を発揮し、厳しい状況に置かれた時には互いに助け合う協力の精神を持ち続ければ、SPC グループの未来は明るいだろう。

1 許昌成、未来を生きる知恵、スンファンジョンムンサ、2001 年、p. 220

# 第 3 章

# 比較事例分析と総括

　前章では各ケースの記述や分析に先立ち、日本の2社と韓国の2社が属している業界全体の歴史的背景と企業の発展過程について考察した上で、上巻第2章で提示した分析フレームワークに基づいて事例分析を行ってきた。

　本章では、図表3-1のように各事例を比較することにより、日韓のファミリー企業のビジネスモデル・イノベーション過程について、その形成から展開・再構築までを展望する際の示唆的事項を導出する。比較事例分析の結果から、日韓のファミリー企業がこれから持続的に発展していくための糸口を探り出し、最終的には研究全体の総括につなげていくものとする。

**図表3-1　フレームワーク構成要素の時系列比較**

| | | やまだ屋 | 旭酒造 |
|---|---|---|---|
| （地域の）コア資源 | 生成期 | 嚴島神社、もみじ饅頭、製餡技術 | 米、天然水 |
| | 形成期 | もみじブランド、製餡技術 | 山田錦、精米技術 |
| | 成長期 | 地域の企業・団体とのネットワーク | 精米技術、四季醸造、関連・非関連企業とのネットワーク |
| 経営チーム | 生成期 | 山田繁一、山田ラク | 桜井家、杜氏 |
| | 形成期 | 山田勲夫妻 | 桜井博志氏、杜氏、桜井玲子氏 |
| | 成長期 | 中村靖富満氏、取締役会 | 桜井博志氏、桜井一宏氏、取締役会 |

| | | | |
|---|---|---|---|
| 事業機会の認識 | 生成期 | お菓子の需要発見 | 酒造株制度が廃止によるビジネスチャンスの認識 |
| | 形成期 | 島外での需要発見、こしあん以外の可能性 | 顧客を明確に絞った商品を開発 |
| | 成長期 | 観光土産品以外の可能性 | 四季醸造 |
| 事業コンセプト | 生成期 | 宮島への参拝客に向けたもみじ饅頭を中心とした菓子販売 | 消費者へ良い日本酒を提供 |
| | 形成期 | 販路拡大→顧客層拡大 | 「価格」と「絶対的満足」の同時追求 |
| | 成長期 | 消費者に喜んでもらえる商品作り | 正しい日本酒の提供 |
| 制度、他企業・顧客との関係 | 生成期 | 同業者・仕入先とのネットワーク構築 | 日本酒級別制度、地元の卸・小売店とのネットワーク構築 |
| | 形成期 | 観光客・同業者・交通網整備による利害関係者拡大 | 技術開発・東京を中心とした卸・小売店とのネットワーク構築 |
| | 成長期 | 同業者・異業種間交流拡大、観光客・カフェ利用者など | 国内外の高級層を中心に生産から販売までの利害関係者が拡大 |

| | | 舞鶴酒造 | SPCグループ |
|---|---|---|---|
| 地域のコア資源 | 生成期 | 天然水、米 | 小麦粉、無煙炭窯 |
| | 形成期 | 天然水、米、設備 | 海外へのアクセスビリティ、研究開発、先進技術の導入 |
| | 成長期 | 自動化工程、浄水システム | 産学連携、研究開発施設、独自の酵母技術、独自の物流チャンネルの構築 |

| | | | |
|---|---|---|---|
| 経営<br>チーム | 生成期 | 松村茂三郎、ジ・ダルスン、イ・ビョンガク、チェ・ジェヒョン | 許昌成、妻の金順一 |
| | 形成期 | 崔渭昇 | 許英善(長男)、許英寅(次男) |
| | 成長期 | 崔在鎬 | 許英善、許ジンス、許ヒス |
| 事業機会<br>の認識 | 生成期 | 軍需の拡大による酒類の需要増加 | 小麦粉を活かしたパンの可能性 |
| | 形成期 | 経済成長による酒類の需要増加 | 外食事業の多様化 |
| | 成長期 | 地方酒割当制度の廃止による首都圏と海外進出の必要性 | 食生活の西洋化 |
| 事業コンセプト | 生成期 | 多様な酒の供給 | 製パン産業を文化産業として育成 |
| | 形成期 | 地方の代表焼酎の提供 | 品質と消費者を大事に成長する企業を目指す |
| | 成長期 | 地方焼酎の提供、新顧客層の開拓 | 総合食品会社 |
| 制度、<br>他企業・<br>顧客との<br>関係 | 生成期 | 政府の統制による企業活動の制約 | 政府政策によるパンの普及による利害関係者の拡大 |
| | 形成期 | 地方酒割当制度、自道焼酎購入制度の実施により左右される企業活動 | IMF体制、海外経験者の増加などによる競争激化 |
| | 成長期 | 酒関連法律の規制と緩和、首都圏大手焼酎メーカーとの競争の激化 | 食品衛生法の強化、国家施設の民営化、多様な顧客層の変化、海外フランチャイズ企業との協力強化 |

出典：筆者制作

以下では、上巻第2章で提示した分析枠組みの構成要素に従って各ケースの特徴を考察していく。

## (1) (地域の)コア資源

### ① やまだ屋

まず、生成期や形成期において、やまだ屋は嚴島神社という全国的かつ世界的な文化遺産を有していたことと、もみじ饅頭という地域を代表する菓子ブランドの存在が同社の事業展開に大きな影響を与えたことは事実である。また、文化遺産や地域商品ブランド以外にも同社特有の製餡技術は模倣困難なコア資源として社内に確立されていた。

次に、成長期においてやまだ屋のコア資源として注目すべき点には、製餡技術やもみじ饅頭生産技術、生産設備に加え、地域の企業や団体とのネットワーク強化が挙げられる。たとえば、宮島の菓子製造業の組合における講習会や販促活動を通じて情報の交換や共有が図られている。また、宮島観光協会の会長も勤めるやまだ屋社長の中村靖富満氏は観光業界を通じて同業種および異業種との情報交換の場を設けている。さらに、宮島という観光地の広報および自然保護にも努めている。また、ネットワーク強化は共同商品開発という成果も生んだ。これはファミリー企業が陥りやすい情報の固定化という問題を克服するためにも非常に有効な手段である。つまり、外部企業、コンサルティング会社、外部団体、大学との横断的な連携活動はやまだ屋に

新しい風を吹き込むきっかけを提供したと考えられる。

### ② 旭酒造株式会社

　まず、生成期において、本来、日本酒造りに向いていない山口県であるが、山奥には日本酒の製造に適した地域が幾つか存在し、その中の一つが旭酒造の本社が位置している地域であり、酒造に特化した気候と超軟水の存在は、必要不可欠なコア資源の一つであるのは過言ではない。

　次に、形成期においては大手酒造には難しい小規模な仕込みでないと高品質が保ちにくい大吟醸なら、小さな酒蔵であることを逆に強みにできると判断し、その強みを実現するにあたって必要なのは何か調べたところ、①高精白にこだわること、②最高級の酒米にこだわること、③純米吟醸にこだわること、④良い酵母にこだわることであり、その根本には品質が高い酒米の確保が必須であった。そして、見つけ出したのは山田錦だった。しかし、試作品の生産にあたっては、地元の農家との協力が難しく、自社の田んぼと県外の農協との連携を通じて、現在は全国の山田錦生産量の1/4を使用している。また、技術的にも県内外の技術センターや機関と連携して杜氏の有無と関わらず、安定的な生産を可能とするマニュアル化は現在の旭酒造を代表する磨き二割三分の技術を跳ね上げた。そして、四季醸造は、従来は農閑期にしか生産できなかった日本酒が通年生産できるようになり、正社員の雇用拡大につながり、地元の経済活性化にも貢献していると言えるだろう。

　成長期には、徹底的なデータ管理を通じて生産過程のシステム化を図った。AI予測モデルの導入や製造工程のマニュ

アル化により、若い社員でも専門性の高い技術を短時間で取得できるようになり、暗黙知の形式知化を進めた。これは、高品質な日本酒の安定生産を可能にしただけでなく、海外での生産を可能にすることを意味する。実際に旭酒造はアメリカに現在酒蔵を建設中であり、国内工場でマニュアル化・システム化された生産過程をアメリカの酒蔵にも導入すると想像できる。

### ③ 株式会社舞鶴

　舞鶴が位置する韓国馬山は上述した旭酒造と同様に酒造りに適した気候と水を保有し、水が重要な醤油でも有名な生産地である。そのため、生成期においては、当時の地元の酒蔵と同様に、水と地元の米が重要な地域の資源となった。しかし、近くに釜山という巨大な消費市場の存在があったものの、当時の軍需の多かった満州国などへの輸出品となったことは、立地上の優位性をあまり活かせなかったともいえる。しかし、植民地支配から独立した後から約15年間は朝鮮戦争などにより、経営が不安定な時期だったため、現会長である崔渭昇氏が事業を引き継ぐまでは経営を維持するのが精いっぱいだった。

　成長期においては、焼酎に関連した制度の規制と変化により、多くの焼酎の生産方式が蒸留式から希釈式に転換される中、穀商と第一製糖代理店での経験は崔渭昇氏が焼酎市場の成長可能性に気づき、舞鶴を引き受けるきっかけとなった。そして、着任後に韓国中小企業産業視察団の一員として東京と大阪の企業ツアーに参加し、自動化された製造工程の中で、衛生的で品質の安定した日本酒が生産・包

装されているのを見て、工程の自動化に取り組むことを決めた。しかし、韓国にはそのような技術を持つ企業が無かったため、崔氏は以前から持っていた自らの人的ネットワークを利用して、日本から中古の洗瓶機を導入した。その後、社員たちを日本へ研修に送り、焼酎用に瓶の生産工場まで建てた。これは、当時の韓国の酒類製造会社では想像もできなかったことであり、零細企業が多かった焼酎業界で初めて自動化生産方式取り入れ、大量生産を行ったことが、現在、地方の焼酎会社でも関わらず全国的な人気を得ている舞鶴の土台を作ったとも言えるだろう。

　成長期においては、当時の酒類市場の大きな変化への対応と顧客層の拡大を図るため、研究開発を専門とする中央研究所を設立した。そして、アルコール度数が25度一色だった焼酎市場に低度数焼酎を開発し、展開を図った。また、既存の馬山の水が工業化により水質が悪化したため、韓国名山の一つである智異山から湧き出た岩盤水を100％使った天然のアルカリ水を利用した焼酎の開発や、水道水を利用するが、浄水処理システムを設置し、活性炭と逆浸透圧（R/O）ろ過を含む精密ろ過システムの活用、超音波振動工法（Ultrasonic Wave Vibrations工法）を導入することで、他社では真似できない自社のコア資源を確保することができた。また、精製水については外部機関に分析を依頼し、安全性が確保されていることを消費者にアピールしている。

### ④ SPC グループ

　まず、生成期においては、パン作りに必要な小麦粉を家族が運営する製粉工場から確保できたことと、ソウルへの

移転後に開発した無練炭窯の開発によって生産原価を大幅に削ることができ、他社には模倣できないコア資源を早期に確保した。また、その技術を自社だけが持つのではなく、SPCで技術を学んだ従業員が賞美党（旧SPCの名前）の名前でパンを販売したため、SPCが販売できない市場にも賞美党のブランドが広がるきっかけとなった。また、1964年の東京オリンピックに観光参観団として訪問した際に、現地の技術を学び、自国のパンの生産に自動化などを取り入れることや在日韓国人の工場長をスカウトし、新商品の開発と製パン施設を改善することで、自動化による大量生産とビニール包装による衛生管理を可能にし、ヒット商品を作り上げることに成功した。

　形成期においては、まず、長男の許英善氏は食品関連事業の多角化を進めたが、成長の限界が見えると判断し、非関連多角化を積極的に進めたが、アジア金融危機などの外部環境の悪化などにより、会社整理手続きをすることになった。一方、次男の許英寅氏は、自社のコア資源でもあるパンの製造技術とブランド力を活かすため、食品技術研究所を設立し、パン製造と関連した技術の開発や首都圏という立地的な条件を活かして海外との交流を活発に行い、海外の先進技術を国内に導入することで、自社の技術力を高めた。それにより、SPCの商品は海外のトレンドに合わせた最新の商品を競合他社よりも早く消費者に提供することができた。また、商品の多様化・高級化を進めることができた。そして、生産設備の自動化にも力を入れ、韓国初の様々な工程を導入することで安定的かつ衛生的な生産ラインを確保することができた。他にも米国での留学経験か

ら得た海外フランチャイズの国内展開も他社より早く行い、特に米国の有名フランチャイズを現在まで次々と導入し国内で成功させ、一部海外での販売権利を確保するなど、海外フランチャイズの運営実績は他社では真似できないSPCグループのコア資源の一つとなった。そして、顧客管理システムの体系化はハッピーポイントカードという会員カードの誕生と他ブランドとのコラボレーションを通じた顧客確保は他の製パン企業や食品ブランドではしていなかったSPC独自の顧客管理システムであった。

　成長期においては、既存の研究所の役割をさらに拡大し、ソウル大学との産学連携などを行うことで、製パンだけではなく、食関連技術を確保することで、グループ内の様々な食品ブランド間のシナジー効果を最大限に発揮できるような仕組みを作り、その土台となる食インフラ関連系列会社を独立させ、食材の流通と物流を担当させることで効率化を図った。


### ⑤ まとめ

　4社のコア資源の特徴をまとめると、それぞれ類似点と相違点が明らかになってくる。まず、大きな類似点としては各社の立地条件を挙げることができる。たとえば、やまだ屋は嚴島神社を有する宮島という恵まれた観光資源を有していたことが観光客への商売のアプローチを容易にさせた。また、旭酒造に関しては日本酒製造に不可欠な天然水の確保ができていた点が挙げられる。舞鶴も同様に、馬山という酒製造に適した地域に立地しており、それを活かした酒造りを行っていた。SPCは小麦粉の最大産地であった

黄海道で家族が運営する製粉工場から小麦粉を得ることができたことや首都圏という立地条件は海外との交流が地方に比べて活発に行うことができる点が挙げられる。

　２つ目に、優れた製造技術を初期段階から確保し、その技術をベースにしながらも時代の変化に合わせて新商品の展開や新規事業拡大に努めてきた点である。大きく事業を展開していくために大型設備投資を行ったことも４社の共通点として挙げることができる。

　一方、相違点としては、同じく酒製造を手がける旭酒造と舞鶴だが、高級日本酒の製造に向いた技術革新を行った旭酒造と、大衆的な焼酎を生産する舞鶴とではその経営スタイルが全く異なる。旭酒造に関しては、杜氏を排除し、日本酒製造の制約であった農閑期の製造から脱却するために生産工程のマニュアル化と自動化工程を導入し、磨き二割三分という高い精米歩合を実現し、ターゲットを絞った商品の高級化と事業展開を行った。対して、舞鶴は大衆的な焼酎を製造販売することで市場拡大する事業展開を行った。両社は事業の始まりが地方からであるという共通点を持ちながらも、その展開の仕方や技術の使い方が異なった。また、やまだ屋はもみじ饅頭のカテゴリーの中でのコア資源を獲得し、自社の技術を発展させたが、SPCグループの場合、最初は製パンから始まったが、現在は製パンだけではなく、食関連技術まで技術開発を行っている点が異なる。

　そして、国家別相違点から見ると、日本のケースの場合、自分の業種が属するカテゴリーの中で必要な技術を深める一方、韓国のケースでは技術の使い方を広げる特徴を見せている。

## (2) 経営チーム

### ① やまだ屋

　創業者は山田繁一氏であるが、同氏は旅館業にも携わっていたため、妻のラク氏が実質的に店を経営していた。機械購入や会計・財務などに関する業務は二人で相談しながら意思決定を行った。このように夫妻で経営をしている中小企業は現在も多く存在しており、珍しいことではない。

　形成期においては、2代目の山田勲氏が経営から商品企画、製造、営業までを幅広く担当していて明確な役割分担は行われていなかった。企業家と現場が直接対話しながら経営者とのコミュニケーションを図り、会社のビジョンを従業員が共有できる非常に良好な組織体制が整った。基本的には勲氏夫妻が経営チームとして会社経営に携わっていたが、この時期は現在の副社長や生産本部長といった会社の中心を担う人材が育った時期でもある。

　3代目の中村靖富満氏は、大学卒業後すぐにやまだ屋に入社したわけではなく、外食系の企業で実務経験を積んだ後に同社に入社した。外部における実務経験は自身が受け継ぐ会社を客観的に判断できる重要な手がかりを提供してくれる。経営チームについても、家族以外の経営メンバーが本格的に経営に参加することになった。現在の5人の取締役会のメンバーのうち、社長と副社長、生産本部長、営業部長は創業者一族であるが、他のメンバーとは血縁関係で結ばれていない。ファミリービジネスの弱点である情報の固定化と意思決定時の独裁制が抑制できる良いシステムであると思われる。

## ② 旭酒造

旭酒造の創業は 1770 年であるが、現在社長を務める桜井一宏氏の曽祖父にあたる 1 代目が 1892 年に蔵元の経営権を入手し現在までその一族が経営している。

生成期の経営チームでは、桜井家の 1 代目と 2 代目が会社の経営を担当し、杜氏が製造を担当する役割分担された一般的な酒蔵の経営体制であった。

形成期においては、経営と経理は 3 代目の博志氏と妻の玲子氏が、製造は杜氏が担当する体制であった。博志氏は大学卒業後、酒造メーカーの営業社員として 3 年半ほど勤務し、旭酒造に戻り、同じく営業職として働いたが、父との意見の折り合いがつかず、酒造りの方向性や経営をめぐって対立し、最終的に退社することとなった。その後、石材卸業で勤めたが、2 代目が急逝し、博志氏が急遽 3 代目社長に就任した。博志氏は、営業経験は豊富にあるが、酒造りに関しては素人だったため、商品企画の観点から経営状況の改善を図ったが、一時的な効果に止まり、根本的な問題、つまり安定的で高品質の日本酒の生産には至らなかった。この問題を決するため、杜氏制度を廃止し、製造工程のマニュアル化と自動化、そして四季醸造を行った。その結果、技術継承の時間的制約がなくなり、若手社員でも短時間で技術を習得することができる仕組みを完成させた。また、製造を担当する杜氏の代わりに社員が製造を担当することで社員同士のコミュニケーションが活性化し、新たなアイディアが芽生えやすい環境作りも可能となった。このような動きは多くのファミリー企業が抱える「情報の固定化」問題の解決に役立つ。現在は、4 代目の桜井一宏

氏を中心に「次世代チーム獺祭」造りを進めており、特に海外事業を中心に活動している。

### ③ 舞鶴

　舞鶴の生成期の経営チームは植民地時代の日本人による経営から植民地支配から独立した後の敵産払下げの対象となり、崔渭昇氏が引き受けるまで多くの韓国人によって経営された。一部の経営者は事業分野を酒造りから酒精生産にまで拡大した人物もいたが実質的には本稿で定義する経営チームは存在しなかったとも言える。

　本格的に経営者として活動したのが現舞鶴の会長である崔渭昇氏である。1932年に生まれた崔渭昇氏は舞鶴を引き受ける前までは大根、陶器、リンゴなど様々な商売を行ったが、商売ではなく、企業家として活動したいという願望があった。そして、第一製糖の代理店と穀商を経営し、取引先であった馬山の有元産業に酒精原料を納品したのがきっかけで、有元産業から焼酎部門を引き継ぎ、現在の舞鶴の初代社長となった。

　成長期の経営チームは2代目の崔在鎬氏を中心に専門経営者であるイ・スヌン氏らで構成されており、2015年からは息子で総括社長である3代目の崔洛晙氏が企業家チームに参加し、インフォーマルなネットワークを中心に専門経営者がサポートする形で構成されている。このような経営チームの形は韓国の多くのファミリー企業で見られる特徴であり、家族経営者やその一族だけでなく、棒給経営者までを含めた経営チームが組織される傾向にある。家族による閉鎖的な企業経営は時に外部の棒給経営者にとって魅力

的ではないように映ってしまい、優秀な棒給経営者の維持・獲得が難しい場合も多いが、舞鶴のように棒給経営者を経営チームに入れることは企業成長において重要な役割を果たすとともに、事業伝承問題の解決に向けた有効な切り口の一つともなりうる。

　また、韓国のファミリー企業の多くは外部経験を重視する傾向がある。2代目の崔在鎬氏は、大学卒業後、ROTCの士官として軍兵役を行い、除隊後に製薬会社の企画室で1年間勤務した経歴があり、3代目の崔洛晙氏も銀行の財務企画部で勤めた経験がある。組織外部で経験を積むことは自社を客観的な視点から見ることにも繋がる。

　後継者の育成については多くの韓国企業と同じく、マーケティング、グローバル事業部、首都圏戦略本部など社内の様々な分野で経験を得るために後継者訓練を実施している。

### ④ SPC グループ

　生成期の経営チームを見ると、創業者の許昌成氏と妻の金順一氏で構成されている。特に妻の金順一氏は許昌成氏の短所をカバーしてくれる「経営パートナー」として認識されていた。許昌成氏は黄海道で今まで学んだ技術を発揮できるベーカリー店「賞美党」を開いたが、より市場が大きく、原材料の仕入れが円滑かつ有利になるソウルに進出した。そこで、競合他社が真似できない無練炭窯を開発し、その技術を従業員に学ばせ、自社のブランドを広げるきっかけを作った。

　1950年に勃発した朝鮮戦争で、許昌成氏はすべてを失っ

てしまった。しかし、戦後、ソウルに戻り、龍山に工場を建てた。龍山は当時の米軍基地が位置した場所であり、製パンに必要な原材料を手に入れやすい立地的な条件を考慮した上での判断だった。そして、事業拡大に伴い、経営組織も大雑把な組織から総務、人事、経理、営業、管理などを持つ体系的な組織体制を構成し、その中心部に家族を中心とした経営チームを配置させることで、より早い意思決定とコミュニケーションを行えるようにした。

　形成期に入ってからは、2人の息子に会社経営を任せた。まず、長男の許英善氏は本社である三立食品を、次男の許英寅氏にはシャニの経営を任せた。2人の経営スタイルは異なり、許英善氏は非関連多角化を中心とした事業拡大を図り、許英寅氏は関連事業の垂直統合を行い、関連多角化を行った。許英善氏は製パンに関しては真剣な人で、米国の有名な製パン学校で留学しながら、製パン技術はもちろん、当時の米国で流行っていた外食フランチャイズや食品などを研究し、帰国後、自社の事業拡大に最大限活用した。これに対して、許英寅氏は原材料を含めた物流、流通、製造、販売まで各系列会社を活かした垂直統合を行い、安定的な製品の開発と供給ができる仕組みを作り上げた。

　結果的には許英善氏の経営は失敗し、会社が倒産する危機に陥ったが、許英寅氏は自社のコア資源を磨き、事業拡大に成功した。そして、三立食品を引き受けることで、現在のSPCグループの土台を作った。

　後継者育成については長男の許ジンス氏と次男の許ヒス氏に事業継承すべく経営権の委譲を進めているが、彼らの意思決定をサポートするために、社内外から有能な人材を

専門経営者として経営チームに参加させている。このような動きは先行研究や事例分析でも説明したように、韓国の多くのファミリー企業が持つ特徴であり、特に企業規模が大きい場合に採用されるシステムである。長男の許ジンス氏も父と同様に米国の AIB を修了し、SPC グループの戦略企画室と研究開発、グローバル事業などを包括的に管理することで、後継者育成とともに、次世代の経営陣を育てている。

### ⑤ まとめ

　4 社の経営チームの特徴をまとめることにしよう。やまだ屋は、基本的には山田繁一、ラク夫妻の経営からスタートし、現場経営を重視してきた。2 代目の勲氏の時代においては明確な役割分担は行われていなかったものの、現場と経営者間のコミュニケーションを上手く図った。また、現在の親族以外の経営陣が育ったのもこの時期である。3 代目の中村靖富満氏は、大学卒業後、外部企業における実務経験を積んでから入社し、客観的に判断できる経営を重視した。経営チームにおいては、親族の経営への参加を可能な限り抑え、親族以外を起用するなど情報の固定化と意思決定時の独裁性の抑制に努めている。

　旭酒造は 3 代目である博志氏の就任から本格的な事業拡大を図り、小さな酒蔵にしかできない強みを速やかに把握し、①その強みを生かすための技術の確保、②安定的な製品の生産、③従業員確保のための四季醸造の実施、④ターゲット層と進出市場を絞るといった 4 点のように製品の付加価値を高める戦略を取った。また、後継者育成にも力を入れ、4 代目の一宏氏に海外開拓の仕事を任せたが、その

背景には杜氏ではなく、マニュアル化と自動化による安定的な生産工程と従業員の存在が大きいだろう。

　舞鶴は、創業当時から崔渭昇氏が社長に就任するまでは経営チームの存在自体がなかったが、崔渭昇氏の就任以来、日本の市場からベンチマーキングした様々な製造技術と工程を活かし、自社のコア資源として確立した。また、2代目の崔在鎬氏は社外での経験と市場のトレンドを読む力で、当時の25度だった焼酎市場に低焼酎市場を開拓し、地方焼酎メーカーの中では首都圏を中心とした大手焼酎メーカーと競争する立場にまで成長した。そして、専門経営者を雇うことで、ファミリー企業が陥りがちな情報の固定化に対する有効な対応策となった。また、海外進出も積極的に行い、20か国以上で活躍している。

　最後にSPCグループは許昌成氏と妻の金順一氏を中心に家族で構成された経営チームを持ち、激変する外部環境から会社を成長させた。しかし、後継者であった長男の許英善氏の経営スタイルと、次男の許英寅氏の経営スタイルが異なり、外部環境の変化に耐えられなかった許英善氏の三立食品は倒産の危機に陥ったが、許英寅氏が経営したシャニは自社の事業分野の選択と集中を通じて自社の資源を絞り、結果的には危機的な状況であった三立食品を引き受け、現在のSPCグループを構成したと言える。また、各系列会社には専門経営者を置くことで、より安定的な経営が可能な仕組みを作り上げた。

　日本と韓国のケース別でみると、日本の場合は社外経験を重視し、家族で構成された経営チームを中心に一部の家族外の関係者が参加するケースが見られる一方、韓国の場

合では、創業当時には家族で構成された経営チームで出発するが、会社の成長に伴い、既存の経営チームに専門経営者が参加するケースが多い。このような違いは上述した何か一つに絞る日本的経営スタイルと、幅広く展開する韓国的経営スタイルの違いがあるからだと考えられる。

## (3)　事業機会の認識

### ① やまだ屋

　初代経営者夫妻の宮島におけるお菓子の需要発見が、もみじ饅頭事業進出への直接的なきっかけとなった。創業の地である宮島の厳島神社参拝客をターゲットに提供するものとして、お土産やお菓子などを検討した。周辺にもみじ饅頭を製造・販売している業者がたくさん存在していたこともあり、もみじ饅頭を中心とした菓子屋を始めることとなった。

　2代目の時代に入ると、事業拡大と生産能力強化が行われ、生産能力が販売能力を大きく上回るいわば「余剰生産能力」が発生した。2代目の勲氏は新たな市場開拓を手がけ、宮島をつなぐ船の発着地である宮島口にもみじ饅頭の販売店舗を設け、その後、市内の百貨店や広島駅の売店、高速道路のサービスエリア、広島空港にも出店するなど広島と外部を結ぶ交通拠点に販売体制を整えた。

　一方、大量生産化による余剰生産能力の発生は、こし餡以外のものを使った製品の多角化につながった。1960年代に入り、もみじ饅頭の種類の多様化、「桐葉菓」の開発など

が行われるようになったが、そのようなマーケットの変化にいち早く気づき、事業展開に反映させたことがやまだ屋の成長を導いた。

　3代目の現社長時代になると、やまだ屋は自社だけではなく外部機関との連携によって新商品開発に没頭するとともに、宮島に関係したNHK大河ドラマの撮影・放送によるブームを利用し、消費者の記憶に残る商品販売に努めている。また、現社長はお土産だけの販売では成長に限界があると認識しており、関東や海外市場への進出を模索する一方、冠婚葬祭やクリスマス、バレンタインデーなどに贈られる製品の開発を通じて市場拡大を狙っている。『RAKU山田屋』ブランドにおける喫茶、食事、和洋折衷の贈答用菓子の販売などがその試みの代表的な例であろう。また、宮島本店におけるもみじ饅頭の手焼き体験や、おおのファクトリーにおける工場見学コースの設置は、もみじ饅頭を観光客や一般消費者に広め、広島や宮島の文化を世の中に伝播することだけなく、最終的には宮島の観光活性化につなげていく大きなグランドデザインを描いている。

### ② 旭酒造

　1代目が旭酒造の経営権を手に入れた時期は、酒造株制度が廃止され従来よりも自由に醸造できるようになり、多くの酒造メーカーが誕生した時期であった。また、戦争に必要な財源確保を目的とした酒税強化の一環として自家醸造が禁止され、各地に小さな酒蔵が創られた時期でもあった。このような環境の中で、1代目は日本酒の市場に成長性、商機があると判断し、参入するに至った。

一方、1980 年代前半に地酒がブームとなったが、旭酒造が位置する地域は公共交通機関が発達しておらず、観光客が訪れることもなかった。そのため、地酒ブームに伴う販売拡大は叶わなかった。また、地域の人口も急激に減少していた。このような厳しい環境の中で 2 代目社長が急逝し、急遽、博志氏が 3 代目社長に就任することとなった。2 代目の時期は質より量の時代。つまり、営業担当者の能力と、ものさえあれば売れる時代だった。しかし、博志氏が就任した時期は量ではなく質を求められるようになった。

　厳しい経営環境の中で、博志氏は小さな酒蔵だからこそできることについて工夫した。大手酒造との競争になると価格競争に負ける可能性が高く、また、山口以外の地域に進出すると、その地域の酒蔵との激しい過当競争になり、体力が弱い地方の小さな酒蔵では耐えることが難しいと判断した。しかし、消費者は究極的には「話題性、物語性、非日常性」ではなく、「価格」対「絶対的満足」を満たしたお酒を求めているということが分かった。そして、小さな酒蔵だからこそできることを模索し、大手酒造には難しい小規模な仕込みでないと高品質が保ちにくい大吟醸であれば、小さな酒蔵であることが逆に強みになると判断した。そして多くの試行錯誤を重ね、1992 年に初めて精米歩合 23％の大吟醸酒を発売した。

　また、高品質の大吟醸酒を安定的に作るためにマニュアル化された製造技術（杜氏制度の廃止）と農閑期だけではなく、年中生産ができる四季醸造技術を開発した。これにより、職人の通年雇用が可能となり、酒造回数が増えることで社員が早くスキルアップできるようになった。

### ③ 舞鶴

　舞鶴が創業した馬山は酒造りに適した気候と良質な水が流れている地域であったが、その消費先は地域より軍需が多い日中戦争の地域や満州国などであった。植民地支配から独立した後には釜山という大都市が隣接したことを理由に、当時の地域の有力者が経営権を引き受け、経営が続いた。朝鮮戦争の勃発は莫大な被害を与えたが、当時の経営者は軍や政府の輸入物品関係者などとのネットワークを利用して、韓国で初めて輸入糖蜜を原料とした酒精も生産していた。戦後、幾度かの合併や経営権譲渡が続き、1965年の崔渭昇氏が事業を引き継ぐまでの約15年間は社名と社長が5回も変わった。

　崔渭昇氏は本来、馬山を中心に活動した第一製糖の代理店と穀商を営んでいた人物であったが、穀物を扱う際に焼酎の市場性を見極め、取引先であった有元事業から焼酎部門を引き継ぎ、社名を舞鶴醸造場と変更して初代社長に就任した。

　就任後、崔渭昇氏は長期的な視点からみると自動化は必ず取り組まなければならないと課題だと認識していた。1966年、韓国中小企業産業視察団の一員として東京と大阪の企業ツアーに参加し、自動化された製造工程の中で、衛生的で品質の安定した日本酒が生産・包装されている様子を視察し、工程の自動化に取り組むことを決断した。そして、自動化を実現させるために日本から中古の洗瓶機導入を始め、社員たちを日本へ研修に送り、焼酎用に瓶の生産工場まで建てた。このような自動化生産の導入は当時の地域内の競合他社が真似できない生産力と技術力を獲得する

こととなり、後に韓国政府が実施した「1道1社政策」においても慶尚南道地域の代表として選ばれ、36社を統廃合することになった。また、1976年に導入された自道焼酎購入制度は地方の酒類産業を保護することが目的だったため、安定的に地域内での販売ができ、舞鶴の成長の足場となった。しかし、この制度は他地域への進出を困難にし、地域内競争が発生しにくい硬直した市場にしてしまう、つまり、企業が競争力を失う可能性が極めて高かった。実際に2代目の崔在鎬氏は、社員の誰ひとりとして会社の未来を見据えていない社内の雰囲気に憤りを感じ、入社後1年半に辞表を出したこともある。

　1996年に突然、自道焼酎購入制度が廃止され、廃止に備えていなかった多くの地方焼酎会社は競争力を失った。また、ビール産業の成長と海外からの酒類輸入の拡大は、国内の多くの焼酎会社に打撃を与え、現在は一部が命脈を保っているか、首都圏の大手焼酎会社に買収される運命となった。しかし、舞鶴は1994年に就任した2代目の崔在鎬氏を中心に、制度の変化と市場の激変に備えて生産設備の拡充、低度数焼酎の開発と新市場の開拓、新たな製造技術の開発と導入、海外酒類の国内輸入など地方焼酎会社として可能なあらゆる手段を用いて、首都圏の大手焼酎会社との競争に備えた。また、国内だけではなく、韓流ブームにより、海外でも成功する可能性があると判断し、積極的な海外進出も行っており、現在は20か国の現地協力会社と連携して輸出している。ベトナムでは現地で焼酎の生産・販売を行っていることからも海外進出に対する積極的な姿勢は明白である。

### ④ SPC グループ

　韓国の歴史にパンという食品が登場したのは 1720 年代だが、本格的に民間に紹介されたのは日本植民地時代の前後である。当時のパンは朝鮮に入ってきた日本人を中心にソウルや一部の大都市で展開されたが、1940 年代になると、日本人の職人の下で韓国人が製パン技術を学ぶケースが多かった。パンの多くの消費先は軍需であったが、当時、朝鮮のお米を大量に日本へと輸出した結果、朝鮮内の食料が不足していた。代替する穀物が必要であり、その代替案として小麦粉を普及させ、それを使ったパンの消費が増加した。また、植民地支配から独立した後韓国に米軍が駐屯し、駐屯地の近くでは米軍が提供する小麦粉や砂糖などパンの材料となるものが多く出回ったことがパンの普及を加速させた。

　その中で、1 代目の創業者である許昌成氏は、友人の紹介により、日本人が運営するベーカリーで働くことになったが、パンが持つ可能性と黄海道で家族が運営した製粉工場から小麦粉を安定的に仕入れることが可能であることから、植民地支配から独立した後の 1945 年、黄海道に「賞美堂」を開いた。黄海道には米軍の駐屯地も設置され、パン作りに必要な小麦粉、砂糖、バターなどを手に入れ易かったが、市場が小さいと感じ、より大きな市場で挑戦するため、ソウルに上京し、乙支路の芳山市場の近くに会社を移転させた。ソウルは巨大な市場であったが、既に 10 以上のベーカリー店がある競争が激しい市場でもあった。厳しい環境の中で、許昌成氏は独自の無練炭窯を開発することで、大幅なコストカットが実現し、価格競争力を持つようになった。

しかし、朝鮮戦争の勃発は許昌成氏が積み上げたすべて
を壊した。戦後、当時米軍が駐屯した龍山にビスケット工
場を建設し、一からやり直すこととなったが、軍需と一般
消費者向けの商品を次々と販売した。

　成長のきっかけとなったのは韓国政府が1962年から実施
した混食奨励運動であった。食料不足により、米国からの
食糧援助を受け、大量の小麦粉を手に入れた韓国政府は製
パン業を食料の代替事業として認め、生産性の向上と施設
の改良及び拡充を支援した。このような政策は企業家に
とっては大きなビジネスチャンスとなり、許昌成氏は「パ
ン作りの水準」は「文明の水準」に比例すると感じたため、
パン作りの先進化を通じて国家の発展に寄与しようと判断
した。そして、1964年の東京オリンピックに観光参観団と
して日本の製パン工場を視察し、技術を学び、自国のパン
生産工程に自動化などを取り入れるきっかけとなった。ま
た、在日韓国人の技術者をスカウトし、新製品開発に参加
させることで、当時の競合他社が真似できないコア資源を
獲得した。

　このようなパンの普及は、SPCの成長につながったが、
1980年代の海外旅行の自由化とソウル五輪による海外観光
客の訪問などにより、消費者は従来のパンよりも品質が高
い、言わばウィンドウベーカリーを求める需要が増えてき
た。また、外食産業の多様化と海外フランチャイズの韓国
進出などは、既存のパンだけでは生き残れない可能性が高
かった。そこで、許昌成氏は顧客のニーズに対応するため
に高級パンを製造・販売するシャニを設立し、他にもパン
やデザートに関連する系列会社を次々と設立することで、

ニーズの多様化に対応しようとした。

　形成期においては、長男の許英善氏には親会社である三立食品を、次男の許英寅氏にはシャニを引き継がせ、2社を軸としたグループの運営に舵を切った。許英善氏は既存の製パンだけでは今後存続できないと判断し、当時の建設ブームと観光ブームの波に乗って建設会社やリゾート運営などに参加したが、アジア金融危機の影響により、会社整理手続きせざるを得ない状況になってしまった。

　一方、次男の許英寅氏は製パン部門には将来性があると判断し、自らも米国の製パン学校へ通い、製パン分野とその関連分野に関する情報やトレンドなどを収集し、国内での展開妥当性の検討、高級感あるウインドウベーカリーフランチャイズの展開とともに、海外の有名フランチャイズを次々と国内に導入することで、国内製パン分野で一位の企業となり、三立食品を引き受け、現在のSPCグループを作り上げた。また、国内だけではなく、海外でも十分な競争力があると判断し、2004年から海外進出を始め、現在は7か国の約430か所で店舗を運営している。


⑤ まとめ

　4社の事業機会の認識をまとめると、下記のようになる。

　まず、日常的な生活から事業機会を発見した会社としては、やまだ屋と舞鶴が挙げられる。宮島という観光地に訪れる観光客相手にお菓子販売を手がけ、島外への販路拡大、製品の需要拡大を目指した点は意外にも異業種である舞鶴の事業展開に類似している。このことは、日ごろの業務から酒造業という新規事業創造の機会を発見した舞鶴が販路

を馬山や慶尚南道地域から全国、世界へと拡大していった点、製品の差別化を図るなど新しい顧客を確保するために奮闘している点からも伺い知れる。

　また、同じく酒造業を営んでいる旭酒造に関しては、小さな酒蔵として生きる道を探り、その結果として独自技術を活かし、高級日本酒市場に進出したという点では舞鶴と異なるものの、地域社会に貢献することで優秀な人材や技術の確保などに努めた点では、自社のコア資源を保護し、発展させるために熱心である舞鶴との共通点と言える。

　なお、チャレンジ精神をもとに製品の差別化や海外進出、マーケティング能力の強化に余念がない旭酒造の現社長が推進している経営スタイルは舞鶴のスタイルとは若干異なるものの、その取り組みからは若者離れや新規消費者獲得に苦しんでいる酒類産業における共通課題が浮き彫りになっている。

　一方、SPC グループは韓国には無かった食文化から起業機会を認識し、創業した点で他の企業とは異なる。徐々に進む西洋化の中からパンの可能性に注目し、国の混食政策を基に関連設備の拡充と市場拡大を図った。また、米軍が駐屯していた時期に入手しやすかった小麦粉を利用した点、ウィンドウベーカリーの運営や海外フランチャイズの導入など消費者のニーズをうまく汲み取り事業展開に活かした点は評価すべきだろう。近年に入ってからは、消費者の健康志向の高まりにうまく反応し、新製品開発を最新の生産設備で行えるようになったのも特筆すべき点である。

## (4) 事業コンセプト

### ① やまだ屋

　やまだ屋の創業者は「宮島への参拝客に向けたもみじ饅頭を中心とした菓子販売」という事業コンセプトを明確に設定してビジネスを始めた。地域の資源であるもみじ饅頭を主力商品として重点的に販売した結果、徐々にそのブランドは関西や九州まで広まることになった。これは同社の経営者と従業員が理解しやすい明確なコンセプトを打ち出したことが要であって、やまだ屋は自社資源の不足を宮島や嚴島神社、もみじ饅頭のブランドといった地域資源を用いて補ったものと見られる。

　2代目の勲氏の時代は、これまで宮島の参拝客のみであった顧客ターゲッティングから脱皮し、販路拡大によって宮島を含む広島への観光客へとターゲットを拡大させ、新たな顧客を取り込むことになった。特にこの販路拡大と新しい顧客獲得において、三越百貨店や広電グループは同社のサポーターとして大きな役割を果たした。やまだ屋は起業以来、顧客に美味しさと良いサービスを提供することに徹してきたが、この時代には顧客の趣向に合わせて、時代が求める商品（健康ブームに合わせた商品など）の開発に努めることによって好評を博することになった。

　3代目の現社長になってからは、「消費者に喜んでもらえる商品作り」に努めてきた。現社長の時代になってから一番力を入れて推進している事業を見ると理解しやすい。例えば、新規市場や新規顧客に向けたアプローチである「手焼き体験」や「工場見学」は従来の観光客向けの菓子販売

から脱皮しようとしている動きである。まさに、宮島に根付いている食文化を世に広めることにより総需要を上げようとする戦略である。

　創業以来、観光土産品というセグメントの中で商売を続けてきた同社だが、贈答用菓子、カフェ（喫茶店）という新規市場に進出している。新規事業分野における知識が皆無に近い状況の中で顧客データを集め、分析し、新メニューの開発によって事業を軌道に乗せた。顧客の意見を既存の経営にフィードバックするだけではなく、ターゲット層を対象として市場調査を行った結果を事業に反映し、新規顧客を獲得していく経営スタイルが同社の事業拡大の背景にある。

　上述した新規事業を行っていくに当たり、現社長は社内のアイディアや人材だけでは画期的なものが生まれにくい点に注目し、地域の他企業やコンサルティング会社、大学などと連携して共同開発を行い、成果を出している。

## ② 旭酒造

　1代目と2代目の時期には事業コンセプトを明確化するよりも、ビジネスチャンスを活かして地元の消費者にお酒を売るという認識が強かった。実際に生成期の旭酒造の主な商品は普通酒であり、大量生産が可能で比較的安価な日本酒であった。当時はお酒を造れば売れる時期であり、営業社員の能力や特別な販売戦略が必要ではなかった。しかし、全国的な日本酒市場の縮小と地域需要の減少により、既存のやり方では事業を続けることが難しかった。また、商品自体の競争力もあまりなかったため、他地域への進出

も厳しかった。

　3代目の博志氏はこのような状況から会社を成長させるために、消費者のニーズが、「価格」対「絶対的満足」を満たしたお酒であることに気づいた。つまり、単純に安ければ良いのではなく、商品に付加価値を付けて、その価値に妥当な満足度を得ることが最も重要だと認知したのである。その結果、大手酒造には難しい質にこだわる製品を開発することとなり、獺祭を誕生させた。獺祭は普通の日本酒より高い価格に設定し、ブランド価値の源泉を「希少性」ではなく、「品質の高さ」だと考えている。そのため、冷蔵庫で温度管理をして保存するなど、品質を維持するための条件を満たす取引先にしか流通しない戦略を取っている。一見、自社商品へのプライドが高すぎるのではないかと考えられるが、消費者の満足度が高く、リピーターも多いことから、博志氏が提示した事業コンセプトが消費者に受け入れられたと言えるだろう。

　一方、獺祭の成功の後、旭酒造は自社直営のバーをオープンした。その理由は、飲食業界が安いお酒の方にシフトすることに対して危機感を感じたこと、日本酒のポジションがワインの下に位置すると見なされていたからである。つまり、獺祭という高付加価値の日本酒を生産・販売する旭酒造の立場としては、国内外で高付加価値の日本酒市場が成長する機会が無くなるおそれがあると考えたのである。そこで、博志氏は多少値段が高くても「正しい日本酒」を嗜む機会を提供することで、価格以上の価値、満足感を与えようとした。そして、この事業コンセプトをより具現化したのが獺祭 Bar23 であり、その後海外にオープンさせた

DASSAI Bar 上海である。その成果は国内外での売上が毎年伸びていることが証明している。

### ③ 舞鶴

創業期の舞鶴の事業コンセプトは当時の軍の要請に応じた日本の酒を供給することであった。軍の需要に応じて、日本酒、焼酎、みりん酒、ぶどう酒、ウイスキー、ブランデーなど多様な酒類を生産した。また、馬山という地域は近くに馬山港と釜山港が隣接する地理的な利点により、昔から日本や満州国行きの輸出が活発な地域であった。

植民地支配から独立した後には混乱状態であった時代的背景により、安くて酔いやすいというニーズが存在したこと、当時の馬山地域の有力者が自身の権威を示すために用いていたことから焼酎を製造・販売したと推測される。また、朝鮮戦争中には避難民や軍需に合わせて少量ではあったが生産を続けていた。

崔渭昇氏が社長に赴任した時期は、馬山が位置する慶尚南道地域に数多くの焼酎会社が存在し、清酒や伝統酒、マッコリなども含めると各町に1社以上が存在する、言わば、酒蔵の春秋戦国時代でもあった。しかし、その殆どが零細企業であり、すべてが手作業で行われていた。崔渭昇氏は激しい競争の中を存続し、成長するためには他社が真似できない何かが必要だと感じていた。そして、その機会は就任後の翌年、日本を視察した際に見つけた自動化工程であった。衛生的かつ大量生産が可能な自動化工程は舞鶴に必要な技術であり、地域に乱立する焼酎市場の覇権を手に入れる重要な手段であった。

一方、舞鶴の動きとは別に、韓国政府の中では酒税の効率的管理のため、各道につき1社、全国で10社だけを存続させるという国税庁の方針が定められた。これにより、国税庁は各地域を代表とする焼酎会社以外はすべて統廃合させ、慶尚南道地域では舞鶴が地域内の36社を統廃合することとなった。

　その後、約23年間は慶尚南道地域では舞鶴一強となり、競争は殆どなく安定的な経営が可能となった。その間に商品のリニューアルや改善も少しずつ行ったが、基本的な製造方法や販売方式には変化がなかった。これについて、2代目の崔在鎬氏の目にはビジョンがない斜陽産業のように映った。社内には熱意がなく、会社のビジョンや未来について語る人もなかった。崔在鎬氏は社長赴任後、2つの事業コンセプトを明確にした。1つ目は地方焼酎を全国に提供することである。崔在鎬氏が社長に就任した時期は、焼酎業界にとって大きな転換期であった。まず、1996年に自道焼酎購入制度廃止によって首都圏の大手焼酎会社の地方進出が本格化したことで、多くの地方焼酎会社は白旗をあげたが、これを崔在鎬氏はむしろ首都圏に進出するチャンスだと判断し、20年間貯めた資金を利用し、馬山だけではなく、首都圏に営業所と物流センター、工場を建設した。これにより、舞鶴は本格化した大手焼酎会社の慶尚南道進出を防ぎ、首都圏進出の土台を作った。

　2つ目は新規顧客層の開拓であった。上述したように徐々に低下する焼酎市場の主なターゲットは成人男性であった。しかし、健康志向の高まりと、ビールや低アルコール飲料人気の高まりにより、焼酎市場は徐々に縮小していた。

崔在鎬氏は、この現状を打破するためには新たな顧客層の開拓が必要であると感じ、そのターゲット層を若者と女性にした。そして、開発したのが既存のアルコールが25度より低く、飲みやすい低度数焼酎だった。初めて開拓した低度数焼酎は、以後、舞鶴の市場優位性を持続するコア資源となり、持続的な改善とフレーバーを添加したフルーツ焼酎の開発に繋がった。また、新規顧客層の開拓は国内に留まらず、アジア市場を中心に海外の顧客確保にも総力を挙げている。

### ④ SPC グループ

創業者である許昌成氏が提唱した「製パン事業は文化事業である」という事業コンセプトは創業以来、現在まで続いている。許昌成氏は、パンは文明の水準と比例するため、製パンの先進化は国家にも寄与すると判断した。現実的な条件も考慮した上で、当時の韓国にとって製パン技術を学習するために最適な先進国は日本であった。許昌成氏も日本人のベーカリー店で技術を学んだ経験があり、1964年の東京オリンピックの観光参観団に参加した際に、日本の高水準のパン製造技術を体感し、帰国後に自動化設備の導入と在日韓国人技術者をスカウトした。これにより韓国の製パン事業を一気に発展させ、その結果として、韓国で大人気となるビニール包装のクリームパンを発売することになった。また、製パン産業を発展させることで国に貢献する考えがあった許昌成氏は、創業してから15年で従業員数が3500名を超え、当時の韓国社会において多大な貢献をもたらした。

形成期に入ると、長男の許英善氏と次男の許英寅氏が
SPC の経営に参加したが、上述したように許英善氏は事業
拡大に失敗し、次男の許英寅氏が三立食品を引き受けるこ
ととなった。一方、許英寅氏は「実績第一主義」、「収益性
の向上と品質向上」そして、「新たな開発とチャレンジ」と
いう 3 大経営方針を就任元年の実践目標として挙げた。特
に食品を扱う企業として品質管理を徹底し、毎朝社長に当
日生産したパンを提出、報告していた。また、米国への留
学時代に米国の製パン動向を把握し、帰国後には食品技術
研究所を設置して、必要な海外の技術があれば果敢に導入
するか自社開発を行うことで品質向上に力を入れた。他に
も原材料の仕入れから生産、流通、販売まで各フェーズに
おいて担当する系列会社を設立することで運営の効率化を
図った。

　新たな分野へのチャレンジも積極的に行い、韓国には無
かった米国の有名フランチャイズを導入したり、消費者の
ニーズに合わせたウインドウベーカリーフランチャイズを
展開したりすることで、業界 1 位の座を手に入れた。

　成長期においては、製パンを超えて総合食品会社として
成長するため、経営理念を定め、賞美堂精神を提唱し、「幸
せな生き方のための最善の道」という普遍的価値を持つ先
人の知恵を大切にしながら、常に次代を見据えて新しいこ
とにチャレンジし続けるという強い意志を意味する「GREAT
FOOD　COMPANY」を目指している。そして、この目標を
実現するために、既存の食品技術研究所の役割を拡大し、
製パン以外の食品事業の展開、海外ブランドの国内導入と
高速道路 SA 運営事業、積極的な海外進出を図り、現在は

韓国製パン分野で業界１位、食品業界６位となっている。

### ⑤ まとめ

　菓子製造業のやまだ屋の経営理念は「不易流行」である。古きよきものと新しいものとの融合を目指し、伝統産業から未来産業へとフロンティア精神をもって新分野へ挑戦するという意味である。これは、経営理念ではないものの、SPC グループの事業展開を見るとかなり類似している。やまだ屋のカフェ事業への進出、洋菓子作りや SPC グループの海外フランチャイズの展開、ミールキットの製造、西洋のカフェ文化と韓国の餅との融合がその代表的な例である。代々受け継がれている伝統技術を重視しながらも新しい事業分野への進出を通じて新しい顧客を確保していくパターンである。

　また、同じく酒を生産している旭酒造や舞鶴の事業コンセプトにも類似点が見られる。「獺祭」という高級大吟醸酒にこだわる旭酒造と「ジョウンデー」という大衆的な焼酎を製造する舞鶴は、ターゲット層は違うが、自社独自のコア技術と地域企業かつ老舗企業のブランドを十分に活かそうとしている意図が見られる。お酒文化の伝統を継承し地域および地域文化を大切にしていることや、従業員の個性を尊重し各人の潜在能力を存分に発揮できる環境作りに努めている点は酷似している。また、酒造りに不可欠な環境保全活動に積極的に取り組んでいる点も両者の共通点である。

　一方、日本と韓国間の事業コンセプトに対する相違点も存在する。日本企業の事業コンセプトは韓国企業に比べる

とより具体的で現実的な意味を持ち、社内で共有しやすい内容で構成されている一方、韓国企業の場合、ビジョンの提示という側面が強い。

　各国の文化や伝統産業、地域産業との共存を図るという意味ではやまだ屋、旭酒造、舞鶴、SPC グループの 4 社ともに力を入れて推進してきた。各国と各地域を代表する企業である以上、地域の雇用や消費を含む地域産業の活性化と国家の経済成長に貢献するという大きな使命を担っている点では 4 社ともに類似した一面を見せている。


### (5)　制度、他企業、顧客との関係

#### ① やまだ屋

　生成期のやまだ屋は戦時中の物資統制など、非常に厳しい経営環境のなか、宮島の競合他社である他のもみじ饅頭屋と協力し合うパートナーシップを形成している。仕入れを共同で行ったこと、共同工場を構えたことなどが代表的な例である。もみじ饅頭のブランド確立のためには一社だけの力では難しく、競合相手と協力関係を結ぶことによって互いを支え合うパートナー企業として成長していくことが重要であるとやまだ屋は認識していた。このように積極的に外部とのネットワークを活用して生成期の苦境を乗り越えたことが同社の特徴である。

　2 代目になってからも時代が求める新商品の開発において外部から柔軟に意見を取り入れ、積極的に開発に臨んだ。また、時代の変化とともに交通網が発達し、仕入れルート

が整備されたことや多品種化に伴う仕入先の多様化が進むなかで仕入先とのネットワークが重要になってくるが、同社ではネットワークの継承も日々の業務の中で徐々に先代から次の世代へと進められていた。

3代目の時代に入ると、やまだ屋と地域の外部ネットワーク構築がより強固なものになっていく。まず、宮島の菓子製造業組合との関係では、業界を取り巻く規制や法律に関する講習会やイベントの共同開催などを通じて情報の交換や共有が図られている。次に、宮島観光協会との関係が挙げられる。現社長は宮島観光協会の会長を務めており、同業者および異業種との交流会も積極的に行っている。地域資源である宮島という観光地のPRだけでなく、環境保護にも尽力し、地域経済の活性化を図っている。

また、地域の企業や団体、コンサルティング会社、大学などとコラボレーションし、共同商品開発を積極的に展開している。企業外部の多様な観点からの情報収集・アイディア募集を通じて情報の固定化を防いでいる点が同社の経営の特徴と言えよう。

### ② 旭酒造

生成期において日本政府によって酒造株制度が廃止され、従来よりも自由に醸造できるようになったが、戦争に必要な財源確保のための酒税強化の一環として自家醸造が禁止され、各地に小さな酒蔵が作られた時期であった。旭酒造が位置する山口県岩国市にも酒造メーカーが2社存在し、隣接する広島には日本酒の産地で有名な西条がある厳しい競争環境下であったが、当時の日本酒の消費量は生産量を

上回り、作れば売れる時期だった。

　しかし、1970 年代にピークを迎えて以降、日本酒業界の衰退が止まらず、関連業種の倒産が相次ぎ、旭酒造が活動拠点とする地域にも大きな影響を及ぼした。地域の人口は既存の 1/6 に急減し、日本酒以外の酒類が徐々に登場するなど、経営環境は年々悪化した。このような状況を乗り越えるために、3 代目の博志氏は自社の看板商品の容器を瓶詰から紙パックへと変更し、低価格で売り出した。しかし、紙パックは瓶詰よりも人手が必要なため、普通酒の価格競争が激しくなり、結局販売を停止せざるを得なかった。

　このような厳しい環境は、旭酒造にとって最大の危機となった一方で、旭酒造の現実を振り返る機会ともなった。そして、旭酒造だからこそできることを見つけ、それを実現させたのが「獺祭」であった。獺祭の開発は旭酒造単独ではなかった。県の食品工業技術センターや広島県国税局の鑑定官室などの官と山田錦を生産する県内外の農家、安定的で高品質の大吟醸酒を生産するためのデータを分析する IT 企業との連携など、外部ネットワークを最大限活用することで、自社のコア技術をさらに進歩させた。

　一方、消費者の日本酒に対する認知度の軽薄化を警戒した旭酒造は、国内においては西洋酒より価値が高いことをアピールするため、販売チャンネルを限定し、直営バーを運営するなど、消費者の認知度向上と自社のブランド力を高める戦略を実施した。また、海外でも日本酒の普及と新たな市場の開拓に向けて海外のバイヤーやレストランと連携し、高級なイメージがある獺祭を中心に富裕層をターゲットとした戦略を取っている。

このような事業展開は利害関係者との垂直および水平型ネットワーキング戦略を展開している代表的な事例と言えよう。

### ③ 舞鶴

　舞鶴が創業した時期は、日本の植民地支配下であったため、焼酎の主な生産地は重工業が発展した北部地域であったが、舞鶴が位置する馬山は酒造りに適した気候と水があり、日本との距離が近い地理的な理由から酒都と呼ばれるほど酒造醸造業が発達した。また、生産した酒の主な消費先は北側の戦線と満州国であった。

　植民地支配から独立した後は政治・経済的に非常に不安定な時期であり、南の方では米軍を中心とした軍政が実施されていた。その際に、日本人が運営した酒造会社は醸造経験や企業の経営経験がある韓国人に敵国資産として払い下げ、舞鶴も当時の馬山の有力者が経営することとなった。しかし、1950年に勃発した朝鮮戦争により、酒の需要は急激に伸びたが、戦争による食糧難により、需要に対して供給が追いつかなかった。結局、韓国政府と米軍は酒造りへの米使用禁止政策を実行した。その影響で、雑穀を主原料とする酒精の価値が上がり、海外からの糖蜜の輸入が増加した。この時期に舞鶴の経営陣は焼酎の生産方式を既存の蒸留式から希釈式に変換させ、酒精生産にまで拡大させた。そして、こうした生産方式の転換と酒精の生産は、崔渭昇氏が舞鶴の競争力を認識し、引き受けるきっかけとなった。また、1964年12月に制定された「糧穀管理法」によって、蒸留式の焼酎会社は消滅し、希釈式焼酎だけが存続した。

朝鮮戦争前までは約3000か所あった焼酎工場は1964年には55か所にまで急激に減少した。

　1973年に実施された「1道1社政策」によって舞鶴酒造は慶尚南道地域の代表に選ばれ、36社を統廃合した。そして、1974年の「酒精割当制度」、1976年の「自道焼酎購入制度」の実施は、舞鶴が地元の卸売業者との強い関係を結ぶこととなり、安定的な収入源の確保に繋がった。また、地元を代表する会社として様々な地域活動も行い、地方銀行の設立推進委員や商工会議所の会長を務めるなど、地域とのコミュニケーションに力を入れた。

　一方、焼酎メーカーの過当競争を防ぐため、酒類産業は韓国政府の統制によって管理されていたが、業界の自発的な競争を害するという指摘を受けてきた。そのため、政府は酒精配分量を業者らが自発的に合意した水準に定めるよう制度を変更したが、1993年からは廃止された。また、1996年に安定的な販売を担保していた自道焼酎購入制度が突然廃止され、多くの焼酎会社が危機的な状況に向き合うことになった。

　しかし、舞鶴は2代目の体制の中で、新商品である低度数焼酎を武器として新規顧客層の開拓と首都圏攻略を進めるなど、他の地方焼酎外資とは全く違う行動を見せた。その結果、首都圏での認知度の上昇はもちろん、全国の市場占有率を12.7％まで上昇させた。


④ SPC グループ

　SPC グループの生成期の場合、制約条件となる政府との関係、すなわち政府の混食奨励運動という制度的環境にお

いて、SPC グループの主な商品であるパンが政策の代表的な対象になったことで競合企業との競争が緩和され、有利な条件で経営活動を行うことが可能となった。また、米軍への軍納品用のパンやビスケットを作った実績と経験は、安定的な取引先の確保とパンの大量生産体制の基盤となった。企業を取り巻く諸制度に順応し、その制度を企業成長に上手く活用したケースであると考えられる。

　形成期においては、2人の息子に事業継承を行い、長男の許英善には三立食品を、次男の許英寅にはシャニを経営させた。許英善氏は多角化経営を本格化し、最初に食品関連多角化を行ったが、消費者のニーズの変化と外食の多様化、ウインドウベーカリーの登場によって食品関連の売上が徐々に減り、新たな市場への進出を図ることになった。当時、国民所得の急増と余暇時間の増加は建設ブームと観光ブームを巻き起こし、経営環境の変化に応じて建設業とリゾート運営業に進出した。他にも化学、有線放送業界にまで進出を図ることで多様な収益源を発掘し、企業を成長させようとしたが、1997 年のアジア通貨危機を受けて不渡りを出し、会社整理手続きとなった。

　一方、次男の許英寅氏は、変化する消費者のニーズに合わせた製品の開発と改善を行うため、韓国政府の技術研究所設立誘導施策を活用して食品技術研究所を設立し、製パン関連技術を次々と開発しただけでなく、海外との技術交流を通じて国内に導入した。また、海外渡航を経験した消費者数の増加は、製パンに求める期待を高水準化させ、その基準を満たすためにウインドウベーカリーを展開し、海外の有名フランチャイズを国内に導入した。その結果、

シャニの売上は三立食品を上回る実績を見せ、2002 年には三立食品を引き受けた。

現在は、食品衛生法の強化に応じて HACCP の強化、衛生管理に徹底した生産工程の開発と持続的な改善を行っている。また、3 〜 4 人世帯から 1 〜 2 人世代へと家族形態の変化に応じてミールキット事業の展開などにも力を入れている。

#### ⑤ まとめ

4 社ともに 60 年以上の歴史を持つ老舗企業であるが、地域との連携や協力を基盤に成長してきたことが共通点として挙げられる。例えば、やまだ屋の場合、仕入れの協力体制作り、地域内での過度な競争の回避は苦しい時期をともに乗り越えようとする同業他社との協調姿勢が伺える。SPC グループの場合も、自社のコア技術である無練炭窯を独立する従業員に提供し、賞美党の名前で販売したため、自社のブランド力強化とともに、同業者との共生を図った。しかし、現在の経営体制に入ってから地域のネットワークに留まっているやまだ屋に比べ、SPC グループは地域や韓国を超えたグローバルネットワークを展開し、関連多角化を進めている特徴が目立つ。

一方、同じ酒造会社である旭酒造と舞鶴を比較すると、高級イメージを追求する旭酒造と大衆的な焼酎を製造する舞鶴とではそのスタイルが大きく異なる。環境保全活動、ボランティア活動などを通じた地域社会との共存、消費パターンの変化に伴う経営革新と海外拠点の設置など共通点はいくつかあるが、その中身には差異がある。旭酒造の場合、

大吟醸酒にこだわり、技術を磨き、さらに高級化を追求することで、国内を超えて、海外の富裕層をターゲットにした海外進出が目立つが、舞鶴は焼酎の消費層を広げるための商品開発や技術開発、そして首都圏の会社と面と向かって競争するなど、環境変化に対して自らその環境変化を主導しようとした。

　最後に、日本と韓国の制度的な変化や政府の規制の側面から見ると、韓国企業のケースは政府の政策変化とともに企業を成長させた点が挙げられる。例えば、舞鶴の自道焼酎購入制度やSPCグループの混食奨励運動がその代表的な例である。一方、日本企業の場合、政府の政策が韓国のケースに比べて極めて薄い。

　一方、業界は異なるが生産現場を見学できるプログラムの設置や、地域資源の国内外への広報活動を通じた業界全体の底上げを図る活動が4社に共通して見受けられ、非常に興味深い。

## 2 　発見事実とフレームワークへのフィードバック

　以下においては、本書における4つのケースを分析した結果から得られた事実について4社の事業展開の側面から整理するとともに、本研究のフレームワークにフィードバックを行う。特に4社の企業行動をフレームワークの重要分析ファクターであるネットワークとイノベーションの2つの観点から類型化し、日韓の各産業のリノベーション過程の類似点と相違点を導出することによって、日韓の各企

業にどのような特徴があるか記述していく。

## (1)　比較事例分析からの発見事実

　ここでは、4社の企業行動の変遷過程をイメージ的に表すために4社のネットワークの性質とイノベーションの変化を軸にした下記の2by2マトリックスを用いて各社を比較してみる。下図は比較事例分析を行った4社の企業行動を時系列的に表したものである。4社の企業行動は時代の変遷とともにどのような変化を遂げてきたのであろうか。各社の企業行動の進化過程を整理してみよう。

　まず、やまだ屋の場合、左下のセルから右上のセルへ移動した傾向がある。創業当初、同社は自社製の製造技術による宮島への参拝客に向けたもみじ饅頭販売を中心に事業展開をしていた。2代目になった形成期には、もみじ饅頭ブランドをベースに生産能力や販路の向上・拡大を活かすべく、宮島だけでなく広島への訪問客といった新しい顧客層向けの新商品開発に着手した。3代目の社長になってからは、地域の企業や団体とのネットワーキングを通じて観光土産品以外の需要拡大に力を入れている。カフェビジネスへの進出や洋菓子製造への挑戦、観光と製菓ビジネスの融合構想などは同社が単なる地域の土産品製菓メーカーから脱皮し、新たなビジネスの構築を目指している証拠でもある。

　一方、やまだ屋のネットワークの性質変化を考察すると、初期段階においては同業者や仕入先との単純な協力体制に

過ぎなかったものが徐々にその利害関係者を拡大していき、現在では同業者はもちろん観光関連従事者、コンサルティング会社、大学、行政など異業種間でも積極的に交流している。同社のネットワーキングの特徴は形式的な連携ではなく、例えば一過性の効果に終わらないよう味などの品質面にも力を入れていること、事業がメディアなどで取り上げられることによる宣伝広告効果を活用していることなど、具体的な成果を生み出すところにあると言えよう。

図表3-2　　2 by 2マトリックス比較図

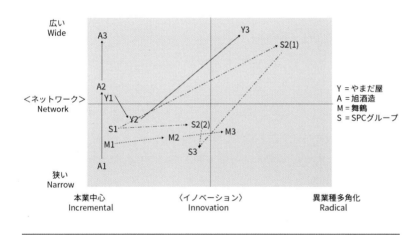

出所：筆者作成

　次に、旭酒造と舞鶴の場合は、同じ酒製造に従事している会社であるにも関わらず、全く異なる事業展開の足跡を残してきた点が興味深い。旭酒造の場合、1代目が旭酒造を引き受けた生成期以来、地元を中心に普通酒の製造・販

売に主力してきた。本業を中心とした商品開発と事業展開に固執している旭酒造であるが、そのネットワークの変遷過程を見ると様々な利害関係者との多様なネットワーキングが注目される。酒米の磨き技術の開発と製造過程のマニュアル化及び杜氏制度の廃止に協力してくれた農家、行政、酒造技術者との関係性は年々深められた。特に、近年に入ってからはIT企業などのインフォーマルな異業種間交流を活発に行い、海外進出も始めるなど幅広い世代・地域・業種とのネットワーキングが目立つ。

　一方、舞鶴の場合は、旭酒造とは全く異なる事業展開を辿っている。国による政策と規制の違いがあるため、単純比較するには限界があるかもしれないが、近年の両社の経営を考察するとその違いは明確に現れている。舞鶴は植民地下の軍需に対応するための酒造りの経験を蓄積し、植民地支配から独立した後には政治的・経済的な不安定さと、戦争という厳しい経営環境の中でも経営活動を続けてきた。崔渭昇氏が就任して以来は自身が持つネットワークを活かして自動化設備を導入し、大量生産を始めた。そして、韓国政府の政策による影響でもあるが、地元の焼酎市場を平定させた。しかし、政策の変化により、各地域の焼酎市場が自由化し、首都圏を中心とした大手焼酎会社の地方進出とビールやワインなどによる焼酎市場の縮小が本格化した。舞鶴は2代目の就任とともに市場変化に備えて、既存の25度焼酎から度数を下げた低度数焼酎を開発し、地元市場の守城を固め、首都圏攻略を進めた。また、海外にも前進基地を置くなど、地方の焼酎会社として他の焼酎会社とは異なる道を歩んでいる。

他方、同社の事業展開におけるネットワークの変化を考察すると、従来地元における影響力が非常に強かったことや、酒造業による莫大な蓄財を誇っていたために、地元への貢献の一環として複数の事業に参加したが、幅広いネットワーキングを展開する必要性が特に生じなかったと考えられる。

　次にSPCグループは、最初は製パン事業を中心に政府の政策とともにビジネスを成長させ、製パン関連分野への進出を図った。創業者は2人の息子に会社を引き継がせたが、長男の場合、既存の製パン分野より建設業や観光業などの非関連多角化を進めたが、悪化した外部環境の影響により、危機的な状況に陥ってしまった。

　一方、次男は長い年月を経て蓄積してきた製パン技術をベースに着実にその事業領域を拡大してきた。具体的には、自身の海外経験とネットワークを活かして海外の有名なフランチャイズを国内に導入し、ウィンドウベーカリーのフランチャイズを展開したことや、食品の原材料から流通、製造、販売、管理まで行う垂直統合を実現させたことで独自の物流チャンネルを確保するなど、スタートは製パン業であったが、最終的には食品製造業の領域にまで事業を発展させた。さらに、パンの本場であるヨーロッパにも店舗を展開させることで、韓国の製パン技術を国内外に発信している。

　以上のように、4社の事業展開の特徴をネットワークとイノベーションの性質から考察すると、事業の創造段階から成長発展へのプロセスについて、いくつかの発展経路を想定することが可能である。

## (2) フレームワークへのフィードバック

　本研究のフレームワークは、日韓の各地域を中心に発展している企業の内部要因である4つの構成要素（経営チーム、地域のコア資源、事業機会の認識、事業コンセプト）と、学習の場、外部要因である4つのファクター（制度、競合企業、パートナー企業、顧客）との関係をどのようにマネジメントするかというものであった。また、日本と韓国という異なる国が持つ制度の違いも考察対象として取り入れた。各国の地域の産業を担う企業がどのように対応してきたかについては既述のとおり、比較事例分析によって整理されている。それでは、この整理ポイントをフレームワークのもう一方の重要ファクターである組織学習や場という概念を中心に「地域発企業の成長発展過程」という上記の発見事実と突き合わせていく。

　まず、やまだ屋については、創業者夫妻を中心とした家族内での意思決定から経営協議会での意思決定プロセスへの進化が見られる。現在は取締役5名で最終意思決定を行うが、家族外構成員を含む生産本部長、営業本部長、総務部長の権限強化による家族経営からの脱皮が見られる。現場重視のワンマン経営から意思疎通を図る合意経営への進化過程が同社の成長過程における一つの特徴である。後継者育成の面では、外部における就労経験を積ませる経験主義的な育成を重視している。また、社内に戻った際には後継者を取引先との会議や打ち合わせの現場に同行させることで徐々にネットワークを継承させている。製造面においては、一般販売用のもみじ饅頭は生産を自動化したが、手

焼き技術に関しては社員の数名に代々継承させ、採算は合わなくとも伝統技術保護の観点から組織内後継者育成に走った。さらに、現社長は宮島観光協会と菓子製造組合の職を務めることによって他社との協調を図りながら経営環境の変化に対応していく地域協同の場を形成・発展させてきた。

　次に、旭酒造は、1代目と2代目の時期には経営を担当する桜井家と製造を担当する杜氏とに分担され、普通酒造りに関する意思決定が行われた。しかし、3代目に入ると、杜氏制度が持つリスクが浮上した。それは、杜氏の移動による技術の流出と製造技術が社内に共有されない点であった。3代目は杜氏制度のリスクを回避し、製造工程のマニュアル化を進めるため、杜氏制度を廃止し、醸造システムの単純化に取り組んだ。それにより、経営と製造が一致することとなり、桜井家を中心に迅速な意思決定が行われるようになった。また、マニュアル化により、従業員が短時間で技術を学ぶことができ、形式知化した製造技術の伝達が可能となり、徹底的な組織学習が行われてきた。

　一方、舞鶴とSPCグループは日本の企業とは異なる傾向を見せている。先行研究や事例分析の際にも上述したが、韓国企業の多くは多角化するに連れて外部から専門経営者を受け入れることによって成長していくため、外部から棒給経営者を確保し、ビジョンの共有を図った。

　舞鶴の場合、現在の経営陣は7人で理事会が構成されており、そのうち4人が社内理事、3人が社外理事である。社内理事は崔氏一家(2代目、3代目)と専門経営者2人で構成されており、社外理事の3人は監査役(非常勤)を担

当している。そして、焼酎会社を続けるための後継者育成の課程を考察すると、経営陣を中心に市場調査と今後のトレンドについて調べ、その結果に基づいて酒類研究所を中心に酒造技術をマニュアル化し、職員に共有させて酒を造るという仕組みになった。後継者は経営陣に属し、専門経営者のサポートを受けるということで、先代からの経営方針や理念、酒造りの際の財務や製造工程に関する徹底的な組織学習が行われてきた。

　また、同社において1代目から2代目の経営者になってからの大きな変化としては、社内会議を頻繁に行い、データを示しながら企業内外の環境変化を組織内構成員と共有していた傾向が見られることである。それにより、労使間の協力が活発に行われ、2015年には透明経営賞を受賞するなど、組織の存続を強化したことも注目すべき点であろう。

　最後にSPCグループを見てみる。現社長の許英寅氏は米国への留学経験を積むなど広い世界観をもった経営者であり、経験主義的な経営者育成を目指す面ではやまだ屋と共通している。昔はシャニの工場が位置した京畿道城南会議所の会長を務めるなど、地域全体の活性化にも尽力していた。なお、現在は本社をソウルに移しているため城南会議所から大韓商工会議所に所属先が変更している。また、CSR活動の一環としてSPC幸せ財団を2011年に設立し、社会貢献活動や人材育成などを積極的に支援するなど地域や業界との連携活動も比較的巧みに展開している。また、フランチャイズに参加した加盟店との協議会も定期的に開き、様々な協力プロジェクトを立ち上げるなど、協同しながらも競争していく同社の経営の特徴を表す良い例であり、同

社の組織における場の形成と進化過程が現れた現象と言えよう。

　しかし、利害関係者にはそれぞれに立場があり、経営方針や考え方が異なるため、協力体制を維持していくことは容易ではない。行政に関しても形式的な協力関係に留まる場合が多く、自発的でより積極的な連携関係が今後求められる。

　また、大学との連携を通じて、自社の社員はもちろん、今後SPCグループで働きたい学生を対象に製パンに関する理論的な教育とSPCグループ内のカフェやベーカリーなどでの実習を通じて、知識を学べるプログラムを2012年から実施し、対象者には物的支援やキャリアデザインなどを支援することで多大な反響を呼んでいる。また、SPCグループにとっても即戦力になれる有能な人材を早期に確保することができると同時に、自社のイメージメイキングにも繋がるため、変化する経営環境に柔軟かつ積極的に対処していく同社の経営姿勢が見受けられる。

　同社の組織内部の意思決定プロセスとしては、生成期においては、創業者と妻を中心とした経営チームにより意思決定が行われた。現在はSPCグループ内の上場企業であるSPC三立の筆頭株主である持ち株会社パリクロワッサンとBR　KOREAを許氏一家が所有し、その2社を中心に系列会社を支配している支配構造を持っている。そして、現在の意思決定プロセスは許氏一家を中心に各系列会社の専門経営者の支援により意思決定が行われているが、社員との懇話会や様々なイベントを通じて一般社員の積極的な意思表明も求めていることが現在の経営陣の特徴と言えよう。

後継者育成は同社における最大の課題である。許英寅氏は次男であるが、特別に長男に事業継承を行うことはないと宣言しており、現時点で跡継ぎがまだ決まっていない。また、SPC グループだけではなく多くの韓国企業の問題点として挙げられることは、上述した相続税の問題である。SPC グループの場合も複雑な支配構造により、持分の継承と相続税の問題、そして後継者自身が自分の能力を社内外の株主に認められるかが同社の重要課題として浮上している。

　一方、一般社員の育成に関しては、職務分野によって異なった採用システムを用いている。技術職の場合、10 週間の技術関連教育を実施し、合格した者を中心に技術職への採用を実施している。一般事務職については中途採用とインターンシップを通じた採用が一般的に行われている。採用は毎年行われており、各系列会社によって採用基準が異なる。

　また、韓国の場合、アジア金融危機以降、IMF からの金融支援を受けると同時に、欧米のジョブ型雇用形態が導入され、現在、多くの企業が採用している。ジョブ型雇用形態とは、業務内容に応じて高い専門性をもつ人材を非定期的に採用する雇用形態である。ジョブ型雇用形態には終身雇用や年功序列がなく、業績や職務経歴に応じて毎年年俸交渉を行う仕組みになっており、若手社員の雇用は多いが、平均勤続年数が日本企業に比べるとかなり短い。一方、日本企業の多くはメンバーシップ型の雇用形態を維持しており、日本的経営を代表する終身雇用、年功序列がその代表的な例である。近年になっては韓国のようにジョブ型雇用

形態に移そうとする企業も登場している。

　SPC グループの中で株式市場に上場している SPC 三立を基準に平均勤続年数が 5 年 6 か月に満たないことは柔軟な雇用ができる長所でもあるが、技術の流出や社内での激しい競争環境が今後、後継者問題と並ぶ重要課題となっている。

　以上のように、フレームワークにおける外部要因と日韓企業の内部要因が組織学習と場の形成・発展というメゾファクターを介してうまく連動することで、企業は成長・発展していくが、その過程は多様かつ複雑である。今回の 4 社のケースからはその一部のルートが示されたに過ぎない。しかし、本研究のフレームワークに自社の成長・発展過程を位置付ければ、今後の発展ルートをある程度構想することが可能になるだろう。

## 1 研究上のインプリケーション

　以下では、本研究から得られた示唆を理論的インプリケーションと実践的インプリケーションという 2 つの次元からまとめた後に、今後の研究課題について言及する。

### (1) 理論的インプリケーション

　第一に、これまでの日韓の企業や企業家についての先行研究の多くは企業家育成に関する内容が少なく、その育成過程を明確に捉えたものはさらに絞られる。本研究においては複数の企業において企業家育成の過程における外部就労経験の重要性とその後の組織内の適応過程を経てトップの座に就くという一連の過程を追うことによって企業家育成のプロセスを詳細に分析した。また、海外留学や海外の交友関係などグローバルネットワークを築いていく過程において、企業家自身がグローバルな視点を持った企業家として成長することはもちろん、企業運営において主観的な決断に頼らず客観的なデータを用いた経営に転じる契機となることも明らかになった。

また、金井によると、企業家の中には「組織を作る企業家」と「事業を作る企業家」が存在するという。本研究においては複数の企業が自社の事業創造だけではなく、地域作りや所属産業全体の底上げに積極的に取り組むことによって地域社会を再活性化すること、また、それを行う組織作りにも邁進していることが明らかになった。もちろん、その存在は未だ小さいものであるが、地域全体、業界全体を挙げて生き残りをかけて奮闘している姿が見られたのが印象に残る。

　第二に、ファミリービジネス研究に関しては、先行研究では情報の固定化や家族内からの後継者選定・継承による組織内部構成員のモチベーション低下、後継者育成にかかる莫大な時間や後継者との葛藤などがファミリービジネスの問題点として指摘されてきた。また、所有と経営の分離が難しく、会社を公器として取り扱う意識の欠如が大きな問題として取り上げられてきた。本研究においては複数の企業において上述したファミリー企業の伝統的な経営スタイルが現代では既に崩れていることが判明し、経営協議会など最高意思決定機関のなかに同族経営者以外の意見を幅広く取り入れて経営に取り組んでいるケースの存在が明らかになった。また、本研究のなかでは見られなかったが、最近では富山の酒造会社で同族経営継承を放棄し、異業種から若い経営者を招いて商品開発とマーケティング力を強化している例が存在している。このように業界外部からの人材登用と意見聴取は組織にロックインされている構成員たちに新鮮で斬新な刺激を与え、結果として新しいイノベーションを生み出すきっかけとなる。

第三に、組織学習とイノベーションの双方に関係する理論的貢献は、以下に示すとおりである。先行研究の多くはそのレベルがシングルループ学習であろうとダブルループ学習であろうと企業家的リーダーシップがその実現において非常に重要な役割を果たすことが強調されていた。しかし、本研究の事例分析の結果からは、組織学習を促すための企業家の役割も重要視されるが、企業家の強いリーダーシップが時には組織内構成員の組織学習の妨げになる可能性があることが明らかになった。組織学習の概念のなかで、ダブルループ学習は組織のイノベーションとも深く関係している。経営環境の変化への適応必要性が認識されようとも最終的に決断するのは最高経営陣、経営チームの意思によるものである。すなわち、中小企業における企業家の革新に対する意思が弱い場合、組織内の構成員が学習やイノベーションに取り組もうとしてもその実現は困難となるのである。

　また、地場産業におけるオープンイノベーションの適応可能性が事例分析の結果から導き出された。例えば、保守的にその伝統を守り続けるというイメージが強い地域伝統の菓子や酒業界においても組織内部の人材によるイノベーションの促進に頼ることなく、風穴を開け組織外部からの作用によって組織のイノベーションが活性化されることが本研究の事例分析から明らかになった。

　第四に、ビジネスモデル論や資源ベース論に関しては、先行研究における有形もしくは無形のコア資源の次元および範囲に関して、その定義の拡大および融合の必要性が見られた。例えば、観光地というカテゴリーは一見すると有

形資産の範囲に入っているように捉えられるが、その観光地に訪れる人々は観光地そのものの魅力だけでなく、観光地のイメージにちなんだ食べ物や土産品などの魅力にも惹かれて訪問動機がかき立てられている。したがって、有形資産と無形資産の性質を両方持っている経営資源の存在も認めなければならないのである。

　また、ビジネスモデルやシステムは動態的に進化していくものである。各産業における経営資源の維持・保存・発掘だけではなく、それを新しい経営環境の変化のなかでビジネスモデルやシステムとして定着させていくことが企業の成長・発展の鍵となっていることが判明した。

　第五に、地域企業を分析する際、従来、別々に議論されてきた企業家、ビジネスモデル・システム、コア資源などの企業の内部的要因と組織を取り巻く様々な利害関係者および制度など企業の外部的要因を組織学習やネットワークという概念を介してミクロマクロレベルで統合したところに本研究の意義があると思われる。組織内部と外部のリンケージピンとしてネットワークや組織学習の場の存在は非常に重要であることが本研究を通じてさらに明らかになったと思われる。

　最後に日本と韓国という別の国に属する企業の経営活動について同様なフレームワークに用いて分析することができた。本研究では外部環境の要素として政府・自治体を取り入れることで、日本と韓国の制度について比較し、各企業が成長するにあたって政治・自治体がどのような役割をしたのかについて比較することができた。資本主義をベースとする同様な経済体制でも、各国の政治的な理由が企業

の成長に影響を及ぼし、国際比較を行う際には、企業の内部的な要因だけではなく、外部的要因も重要であることが本研究から分かった内容である。

　以上のように本研究では、日韓の各地域の経済を担うファミリー企業のマネジメントを分析する際に必要な理論を統合して比較事例分析を試みた結果、いくつかの事業展開のパターンを示すことができた。その上で、各国の地域産業やファミリー企業の研究領域に取り組むことが、企業家活動、ビジネスモデル、ビジネスシステム、ネットワーク、組織学習、ファミリー企業などの研究領域を理論的に進化させる可能性があることが示唆された。


## ⑵　実践的インプリケーション

　ここからは本研究の実践的インプリケーションを提示していく。

　第一に、伝統産業に関わっている地域企業は企業の長期的な成長・発展のためにその事業構造の中身を吟味し、守るべきものと放棄すべきものを明確にしなければならない。ここで注意しなければならないことは一時期日本において話題となった事業仕分けと、ここでいう戦略的棚卸し（戦略的撤退）とは明らかに異なるものであることである。例えば、流行に便乗したテンポラリー・ビジネスは排除すべきではあるが、地域社会の長期的な発展のために必要な事業であればその事業が今すぐには会社に貢献しないとしても根気強く継続していくことが重要になってくる。やまだ

屋の宮島観光協会との関係性、旭酒造の地域経済活性化への貢献や地域環境保全活動の実施、舞鶴の地域銀行設立への参加、SPC グループの CSR 活動は暗に昨今の短期的利益を追求し打算的に行動する一部の企業の行動に対して警鐘を鳴らしている。地域の中で地域とともに生きながら成長・発展する運命共同体という言葉は口先ばかりで言うのではなく、有言実行すべきものであるだろう。

　第二に、地域社会の発展における地域の行政団体や大学などの産学官連携の役割について言及しておく。どの地域にもその地域を代表する産業が存在する。例えば広島地域は、やすり、筆、日本酒、縫い針の有名な産地である。しかし、各分野に従事する地域企業はその規模の面からして中小零細な企業が多い。個々の企業は競争する立場にあるが、地域全体の立場から考えると協力していく必要がある。各協同組合などの民間レベルでの協力体制も重要であるが、各自治体が主導していくプラットフォーム作りも求められてくるのではないだろうか。各事業分野の現在の動向や先進的事例の紹介、様々な異業種界との交流の企画、コンサルティングの機会の提供などは個別の地域企業が担うにはその荷が重過ぎる。行政の立場からすれば、ひとつの企業を全面支援していくようなことは制度上無理があるため、地域の業界全体を上げていくような行動をとらなければならない。このような利害関係から民間企業と行政の協同体制が自然に生まれてくる。

出典：Illustration　by　Joon　Moon　M.D.

　また、産学連携は近年の大学の積極的な社会連携事業推
進の風潮から、多大な費用をかけなくとも双方がメリット
を享受できる環境になりつつある。企業にとっては社内で
は生まれないような新鮮な刺激やアイディアを享受できる
し、大学としては企業とのタイアップを通じて社会貢献で
きる場がもたらされるため、非常に有効な手段であろう。
もちろん、理想的には地域の行政、企業、大学が一丸と
なって地域全体を巻き込んでいくシステム作りが伝統産業
においても望まれる。
　第三に、ファミリー企業の伝統的な経営スタイルを克服
しなければならない。本研究で取り上げられている対象企
業のなかでも多くの企業が多かれ少なかれジェネレーショ
ンギャップという問題に直面している。創業当初から現在
に至るまで多くの企業において所有と経営の分離が行われ

ていないことが大きな問題点として浮上してきているが、経営陣はそれに気付いていない。ここで誤解してもらいたくないのは親族経営もしくは家族経営全体に対しての批判ではないことである。そもそも企業は「公器」であり、個人の所有物ではない。大企業や上場した企業となれば一般にその情報を公開しなければならず、企業の経営に対する責任もかなりシビアになってくる。規模の大きさが違うとはいえ、地域の伝統企業も例外ではない。身内経営、友達経営、親戚経営そのものが悪いのではなく、経営陣に企業を営む能力があるかどうかが問題なのである。トップの直感や決心に頼る経営ではなく、外部の客観的見解やデータに基づいた経営に転じるためにも経営と所有を分離する発想は一度考慮すべきものではないだろうか。息子や親戚に会社を預けるのが前提条件ではなく、経営者としての素質を備えているかどうかが重要な問題である。前述したように富山地域ではあるが、日本酒を製造する会社のなかで親族経営から脱皮し、異業種に従事していた人物を専門経営者として招き、斬新な新商品開発に成功し、東京市場にも進出したケースがある。素人の目に映った現場から生まれた新鮮なアイディアによって新事業の成果が生まれたのである。

　また、国際的感覚を備えた企業家の育成が合わせて必要となってくると考えられる。国内市場が縮小していくなか、海外市場の開拓を含む海外進出の動きが見られるが、国内の顧客だけでなく海外の顧客を確保することは容易なことではない。特に、内需市場が小さく、ある程度企業が成長したら必ず海外進出を行う韓国の企業と規模の経済が実現

できる内需市場を持つ日本企業の海外進出に対する温度差がある。今回の事例に限っても韓国の企業の方が、日本の企業より海外進出の必要性について理解し、迅速な意思決定を通じて海外への事業展開を行っていることが分かる。よって、これからは日韓の地域企業の経営者は国際的な事業感覚を早い段階から養わなければならない。貿易環境や原料調達のための市場環境が日々変化している中、受動的な姿勢で経営していく時代は過ぎ去った。言語や文化も含む海外に精通した人材の育成が切実に求められる状況になってきている。

　以上のように本研究には、地域のファミリービジネスにおけるグローバルな視野を持った企業家の育成の必要性、ファミリービジネスにおける所有と経営の分離によるイノベーションの促進可能性、地域社会における産学官連携を通じたプラットフォーム作りによる地域活性化、戦略的棚卸しと伝統産業維持の併用による成長・発展可能性、などといったような地域社会の成長・発展にとって実践的に適用可能な話題が豊富に含まれている。


### (3)　今後の研究課題

　最後に、本研究の比較事例分析を通じて浮かび上がった今後の研究課題について述べておく。

　まず、本研究の限界として指摘できるのは、その分析対象が日本と韓国の一部の業種に限られている点である。今後、分析対象と地域を拡張することで更なる発見事実が得

られるかもしれない。また、比較事例分析を行う際に必要になるインタビューの内容と回数であるが、できるだけ同じ項目の質問調査票と同じ回数の深層的なインタビュー調査を心かけていたが、インタビュー先の事情とインタビュアーの個人差により必ずしも同じレベルの量と質のデータが取れているわけではない。2次データやインタビューの追加でその課題を補ってはいるものの、それは本研究の限界であるとともに、今後、解決すべき課題であろう。

次に、本研究において提示された先行研究の範囲をより拡張した上で、分析枠組みをより精緻化する必要がある。改善された分析枠組みを用いて多様な分析対象の事業の本質に迫っていく必要性があるだろう。本研究の分析対象であった日本や韓国の菓子、酒関連の企業に事業規模や事業分野などの変数を加えることで、より幅広い地域企業論やファミリー企業論へと発展させていく必要があるだろう。

加えて、本書では定性的なアプローチを用いると同時に対象国の地域商品や地域ブランドを意識した定量的なアプローチも試みたが、調査期間の短さ、先行研究のレビューと分析の不足、調査票設計の未熟さによってその結果は満足と言えるレベルに達しなかった。今後はより多様な国の地域企業やファミリー企業の一般的な特性を調べるために分析対象と範囲を拡大し、業界や業種、国境を越えた定性的および定量的研究手法の適用が望まれる。こうした点を意識しながら今後も地域企業研究やファミリー企業研究、中小企業研究を国際的な視点を意識しながら進めていきたい。

# 参考文献

## 第1章　参考文献

1. p.5　図表1-1：　韓国家業承継支援センター（2018.9）"中小企業の家業承継の税制解説"。

2. p.5　本研究では用語の統一のため「事業継承」で説明する。：KDB未来戦略研究所（2019.6）"韓国と日本の中小企業の家業承継の現状及び示唆点"。

3. p.7　約半数にあたる127万人が現在も後継者未定の状態である。：経済産業省（2017.10）"中小企業・小規模事業者の生産性向上について"。

4. p.7　中小企業庁の調査（2018）によると、M＆Aの理由のうち実に48％を占めたのが事業継承であった。：経済産業省（2018.4）"中小企業白書"。

5. p.8　今後10年を事業継承の実施集中期間とし、法改正を通じた税制支援などの政策的な支援を強化している。：金ギョンア（2018.3）「国内及び主要国の相続・贈与税及び家業引継ぎ支援制度の最近の動向及び示唆点研究」『中堅企業研究院』。

6. p.9　子供に承継すると答えた人が57.2％で、続いてまだ決まっていないと答えた人が40.4％となってい

る。　：　中小企業中央会（2018. 12）"2018 年中小企業
家業承継実態調査"。

7.　p. 10　図表 1-3　：　韓国国税庁（2018. 4）、金ギョン
ア（2018. 3）、KDB 未来戦略研究所（2019. 6）。

## 第 2 章

## 第 1 節

1.　p. 16　朝鮮の 9 代王の成宗の時代に入ってからは大衆
にも広がり始めた。：　大韓酒類工業協会（2006. 5）「韓
国酒類産業の発展と変化」『酒類産業』第 26 巻第 3 号、
pp. 24-39。

2.　p. 17　、酒税率を引き上げた。酒税令が公表された
1916 年から 1933 年まで酒税の徴収額は 13 倍にま
で増加した。：　鄭・エスク（2015. 3）「韓国の酒類及
び飲酒政策の変遷と課題」『保健福祉フォーラム』第
221 巻、pp. 57-66。

3.　p. 19　1948 年の第 1 下半期だけで 1947 年の生産
量を上回った。：　崔・ハンソク（2016. 3）「生命の
水、蒸留酒！－韓国の伝統焼酎とその友達－」『RDA
INTERROBANG』第 168 号。

4.　p. 20　そして 1980 年には現在もある 10 か所のみに
絞られることとなった。：　大韓酒類工業協会（2006. 5）
「韓国酒類産業の発展と変化」『酒類産業』第 26 巻第
3 号、pp. 24-39。

5. p. 21 出典：韓国統計庁の資料に基に筆者修正 ： 韓国統計庁ホームページ (https://kosis. kr)。

6. p. 22 出典：株式会社舞鶴の有価証券報告書から筆者修正 ： 株式会社舞鶴有価証券報告書 (2021. 3)。

7. p. 25 出典：株式会社舞鶴のホームページから筆者修正 ： 株式会社舞鶴のホームページ (https://www. muhak. co. kr/)。

8. p. 26 1940 年代には 13 か所まで増加している。： 馬山市史 (2011. 2)。

9. p. 27 昭和酒類株式会社は焼酎を含めたその他の酒類を生産した。 ： 慶南新聞 (1999. 6) "馬山港開港 100 年"

10. p. 29 社名は「東洋酒類」になった。： 馬山市史 (2011. 2)。

11. p. 33 人と人との間の正直さと信義がどれほど大切なものであるかをその時初めて悟ることができた。： 月刊慶南 (2021. 6)。

12. p. 44 出典：株式会社舞鶴のホームページから筆者修正 ： 株式会社舞鶴のホームページ (https://www. muhak. co. kr/)。

13. p. 45 それは舞鶴も同じだった。：Forbes Korea (2015. 5)。

14. 出典：株式会社舞鶴の有価証券報告書から筆者修正 ： 株式会社舞鶴有価証券報告書 (2021. 3)。

## 第 2 節

1. p. 53　韓国の製パン業界では韓国が独立し、日本人が去った後も日本式の「パン屋」の在り方が色濃く残ることとなった。　：　周永河（2015. 1）"パンの地球史"、ヒューマニスト。

2. p. 56　パンはもちろん菓子類でもシェアを伸ばしていった。：　Myung-kyo　Jung（2020. 9）「韓国製菓産業の歴史」『食品化学と産業』第 53 巻第 3 号、pp. 295-306。

3. p. 59　出典：SPC グループのホームページから筆者修正　：　SPC グループ（https://www. spc. co. kr/）。

4. p. 65　あらゆる経営分野でその能力が顕著に表れた。：金・ヨンレ（2005. 10）「SPC　許昌成先生と許英寅会長の経営理念と企業家精神」『経営史研究』第 37 巻、pp. 7-69。

5. p. 67　伊部（2009）：伊部泰弘（2009）「地域企業にみる製品差別化とブランド戦略に関する一考察：新潟・栗山米菓の事例研究」『新潟経営大学紀要』第 15 巻。

6. p. 68　金井（2006）：　金井一頼（2006）「第 9 章 地域企業の戦略―地域社会の中で―」大滝精一・金井一頼・山田英夫・岩田智『経営戦略〔新版〕：論理性・創造性・社会性の追求』有斐閣。

7. p. 68　国領（1999）：国領二郎（1999）『オープン・アーキテクチャ戦略―ネットワーク時代の協働モデル―』ダイヤモンド社。

8. p. 68 Barney（2003）： Jay. B. Barney 著、岡田正
大訳（2003）『企業戦略論【競争優位の構築と持続】』
ダイヤモンド社。

9. p. 71 金（2002、2003） ：金泰旭（2002）「企業行動
に関する制度論と資源ベース論の統合に向けて」『北
海道大学博士課程論文』第 51 巻 4 号。金泰旭（2003）
「日・韓半導体産業におけるマネジメントの比較研究」
北海道大学院経済学研究科博士学位論文。

10. p. 72 Aaker（1994）： David. A. Aaker 著、陶山計
介・中田善啓・尾崎久仁博・小林哲訳（1994）『ブラ
ンド・エクイティ戦略―競争戦略をつくりだす名前、
シンボル、スローガン―』ダイヤモンド社。

11. p. 75 金（2002、2003） ：金泰旭（2002）「企業行動
に関する制度論と資源ベース論の統合に向けて」『北
海道大学博士課程論文』第 51 巻 4 号。金泰旭（2003）
「日・韓半導体産業におけるマネジメントの比較研究」
北海道大学院経済学研究科博士学位論文。

12. p. 75 「製パン企業」という企業ドメイン（大滝・山田、
2006）： 金井一頼（2006）「第 9 章 地域企業の戦略―
地域社会の中で―」大滝精一・金井一頼・山田英夫・
岩田智『経営戦略〔新版〕：論理性・創造性・社会性
の追求』有斐閣。

13. p. 76 伊丹他（2000）： 伊丹敬之・西口敏弘・野中郁
次郎（2000）『場のダイナミズムと企業』東洋経済新
報社。

14. p. 76 青島（2003）： 青島矢一・加藤俊彦（2003）『競争戦略論』東洋経済新報社。

15. p. 78 Christensen（1997）： Christensen C. M.（1997）The Innovator's Dilemma, Harvard Business School Press.（玉田俊平太監修、伊豆原弓訳『イノベーションのジレンマ』翔泳社、2001）

16. p. 78 パンカジュ・ゲマワット（2002）： パンカジュ・ゲマワット著、大柳正子訳（2002）『競争戦略論講義』東洋経済新報社。

17. p. 82 Davila（2006）： Tony Davila, Marc J. Epstein and Robert Shelton（2006）Making Innovation Work, Prentice Hall.（矢野陽一郎訳『イノベーション・マネジメント』英治出版、2007）。

18. p. 84 思い出のパンシリーズ等の新製品を次々に開発しヒットさせたのが三立食品の復活のきっかけになった。： 金・ソンスン（2005.10）「SPC の韓国経営史学的な地位」『経営史研究』第 37 巻、pp. 245-286。

19. p. 85　Useem（1986）： Useem M. 著、岩城博司・松井和夫監訳（1986）『インナー・サークル：世界を動かす陰のエリート群像』東洋経済新報社。

20. p. 86　寺本（1993）：寺本義也・中西晶・土屋茂久・竹田昌弘・秋澤光（1993）『学習する組織—近未来型組織戦略』同文館。

21. p. 86　鄭（1999）： 鄭昇和（1999）『ベンチャー創業論』博英社。

22. p. 87 金井（2002）： 金井一賴・角田隆太朗（2002）『ベンチャー企業経営論』有斐閣。

23. p. 88 金井（2006）： 金井一賴（2006）「第9章 地域企業の戦略―地域社会の中で―」大滝精一・金井一賴・山田英夫・岩田智『経営戦略〔新版〕：論理性・創造性・社会性の追求』有斐閣。

24. p. 88 金井一賴（1987）「中小企業における企業家的リーダーシップ」『組織学会』Vol. 21。

25. p. 90 他にも東南アジアにも進出しており、現在は計7か国、約430か所で店舗を運営している： 毎日経済新聞（2022. 1）。

# 索引

## ■ 編著者紹介

### 金泰旭(キム・テウク)

近畿大学経営学部教授. 博士(経営学/北海道大学). 韓国ソウル出身. 韓国ソウル
延世(Yonsei)大学卒業. 北海道大学大学院経済学研究科修了(経営学修士・博士).
専攻は国際経営論, 経営戦略論, ベンチャー企業論.

### 主な著書

『地域ファミリー企業におけるビジネスシステムの形成と発展』(共編著・白
桃書房)
『社会企業家を中心とした観光・地域ブランディング―地域イノベーションの
創出に向けて』(共編著・博英社)
『大学発ベンチャーの日韓比較』(共著・中央経済社)
『グローバル環境における地域企業の経営―ビジネスモデルの形成と発展』
(共編著・文真堂)
『研究開発中心型強小企業のイノベーションプロセス―日韓4社の比較事例分
析』(単著・中央経済社)

### 論文

「韓国ベンチャー企業の特性と成長」共著,龍谷大学経営学論集第53巻第1号,
pp.1-15 「ハイテックスタートアップス(HS)支援の現状と課題―韓国のHS支援
政策と若干の 事例紹介―」,北海道大学経済学研究第61巻第4号, pp.97-130
「市民企業家による資金獲得のプロセス分析―アートプロジェクトにおける企
業家活動」,ベンチャーズレビュー Vol.17, p.43-52
など

担当部分：第1, 3章

## ■ 共同著者紹介

### 韓尚眞(ハン・サンジン)

株式会社成光物流営業部主任. 修士(国際学/広島市立大学). 韓国ソウル出身. 韓国西京大学経営学部卒. 広島市立大学大学院国際学研究科修了(国際学修士). 近畿大学商学研究科博士後期課程満期退学. 専攻は経営戦略論，ベンチャー企業論.

### 論文

「ビジネスモデルの構成要素におけるオンラインゲーム企業の特徴と課題―株式会社NEXONの事例分析―」近畿大学商学論究第16巻第1号, pp.35-52
「親会社と社内ベンチャー間の情報の非対称性に関する事例研究：プリンシパル・エージェント理論と企業家活動との関係を中心に」実践経営学会機関誌第56巻, pp.75-85
など

### 発表

「日本のお菓子メーカーの成長戦略について―モロゾフ株式会社の事例を中心に―」韓尚眞、東アジア経済経営学会(2021)
「研究開発中心強小企業のイノベーションプロセス」金泰旭；韓尚眞、日本ベンチャー学会(2021)
「ゲーム産業における企業家活動：NCSOFTの事例を中心に」韓尚眞、企業家研究フォーラム(2020)
など

担当部分：第2章

日本と韓国の地域ファミリー企業のマネジメント比較
−アントレプレナーシップと地域企業のイノベーション−（下）

初版発行　2022年9月5日

編　　著　金 泰旭

発 行 人　中嶋 啓太

発 行 所　博英社
　　　　　〒 370-0006 群馬県 高崎市 問屋町 4-5-9 SKYMAX-WEST
　　　　　TEL 027-381-8453 / FAX 027-381-8457
　　　　　E- MAIL hakueisha@hakueishabook.com
　　　　　HOMEPAGE www.hakueishabook.com

ISBN　　　978-4-910132-31-0

定　　価　2,530円（本体2,300円＋税10%）